Ensino de Educação Física

Dados Internacionais de Catalogação na Publicação (CIP)
(Câmara Brasileira do Livro, SP, Brasil)

Neira, Marcos Garcia
  Ensino de educação física / Marcos Garcia Neira. —
São Paulo : Cengage Learning, 2007. — (Coleção ideias
em ação / coordenadora Anna Maria Pessoa de Carvalho)

  Bibliografia.
  ISBN 978-85-221-0589-2

  1. Condicionamento físico 2. Educação física -
Estudo e ensino 3. Esportes escolares 4. Prática de
ensino I. Carvalho, Anna Maria Pessoa de. II. Título.
IV. Série.

07-2584   CDD-796.071

Índice para catálogo sistemático:

1. Educação física na prática escolar : Esportes :
        Estudo e ensino   796.071

COLEÇÃO IDEIAS EM AÇÃO

Ensino de Educação Física

Marcos Garcia Neira

Coordenadora da Coleção
Anna Maria Pessoa de Carvalho

CENGAGE

Austrália • Brasil • México • Cingapura • Reino Unido • Estados Unidos

CENGAGE

Coleção Ideias em Ação
Ensino de Educação Física

Marcos Garcia Neira
Anna Maria Pessoa de Carvalho
(coordenadora da Coleção)

Gerente Editorial: Patricia La Rosa

Editora de Desenvolvimento: Danielle Mendes Sales

Supervisor de Produção Editorial: Fábio Gonçalves

Supervisora de Produção Gráfica: Fabiana Alencar Albuquerque

Copidesque: Iná de Carvalho

Revisão: Maria Alice da Costa e Ana Paula Ribeiro

Diagramação: Join Bureau

Capa: Eduardo Bertolini

Pesquisa Iconográfica: Maria de Paula Pinheiro

© 2007 Cengage Learning Edições Ltda.

Todos os direitos reservados. Nenhuma parte deste livro poderá ser reproduzida, sejam quais forem os meios empregados, sem a permissão, por escrito, da Editora. Aos infratores aplicam-se as sanções previstas nos artigos 102, 104, 106 e 107 da Lei nº 9.610, de 19 de fevereiro de 1998.

Esta editora empenhou-se em contatar os responsáveis pelos direitos autorais de todas as imagens e de outros materiais utilizados neste livro. Se porventura for constatada a omissão involuntária na identificação de algum deles, dispomo-nos a efetuar, futuramente, os possíveis acertos.

A editora não se responsabiliza pelo funcionamento dos links contidos neste livro que possam estar suspensos.

Para informações sobre nossos produtos, entre em contato pelo telefone **0800 11 19 39**

Para permissão de uso de material desta obra, envie seu pedido para **direitosautorais@cengage.com**

© 2007 Cengage Learning. Todos os direitos reservados.

ISBN-13: 978-85-221-0589-2
ISBN-10: 85-221-0589-8

Cengage Learning
Condomínio E-Business Park
Rua Werner Siemens, 111 – Prédio 11 – Torre A – Conjunto 12
Lapa de Baixo – CEP 05069-900 – São Paulo – SP
Tel.: (11) 3665-9900 – Fax: (11) 3665-9901
Sac: 0800 11 19 39

Para suas soluções de curso e aprendizado, visite
www.cengage.com.br

Impresso no Brasil
Printed in Brazil

Apresentação

A coleção Ideias em Ação nasceu da iniciativa conjunta de professores do Departamento de Metodologia do Ensino da Faculdade de Educação da Universidade de São Paulo, que, por vários anos, vêm trabalhando em projetos de Formação Continuada de Professores geridos pela Fundação de Apoio à Faculdade de Educação (Fafe).

Em uma primeira sistematização de nosso trabalho, que apresentamos no livro *Formação continuada de professores: uma releitura das áreas de conteúdo*, publicado por esta mesma editora, propusemos o problema da elaboração e da participação dos professores nos conteúdos específicos das disciplinas escolares – principalmente aquelas pertencentes ao currículo da Escola Fundamental – e na construção do Projeto Político-Pedagógico das escolas. Procuramos, em cada capítulo, abordar as diferentes visões disciplinares na transposição dos temas discutidos na coletividade escolar para as ações dos professores em sala de aula.

Nossa interação com os leitores deste livro mostrou que precisávamos ir além, ou seja, apresentar com maior precisão e com mais detalhes o trabalho desenvolvido pelo nosso grupo na formação continuada de professores das redes oficiais – municipal e estadual – de ensino. Desse modo, cada capítulo daquele primeiro livro deu origem a um novo livro da coleção que ora apresentamos. A semente plantada germinou, dando origem a muitos frutos.

Os livros desta coleção são dirigidos, em especial, aos professores que estão em sala de aula, desenvolvendo trabalhos com seus alunos e influenciando as novas gerações. Por conseguinte, tais obras também têm como leitores os futuros professores e aqueles que planejam cursos de Formação Continuada para Professores.

Cada um dos livros traz o "que", "como" e "por que" abordar variados tópicos dos conteúdos específicos, discutindo as novas linguagens a eles associadas e propondo atividades de formação que levem o professor a refletir sobre o processo de ensino e de aprendizagem.

Nesses últimos anos, quando a educação passou a ser considerada uma área essencial na formação dos cidadãos para o desenvolvimento econômico e social do país, a tarefa de ensinar cada um dos conteúdos específicos sofreu muitas reformulações, o que gerou novos direcionamentos para as propostas metodológicas a serem desenvolvidas em salas de aula.

Na escola contemporânea a interação professor/aluno mudou não somente na forma, como também no conteúdo. Duas são as principais influências na modificação do cotidiano das salas de aula: a compreensão do papel desempenhado pelas diferentes linguagens presentes no diálogo entre professor e alunos na construção de cada um dos conteúdos específicos e a introdução das TICs – Tecnologias de Informação e Comunicação – no desenvolvimento curricular.

Esses e muitos outros pontos são discutidos, dos pontos de vista teórico e prático, pelos autores em seus respectivos livros.

Anna Maria Pessoa de Carvalho
Professora Titular da Faculdade de Educação da
Universidade de São Paulo e Diretora Executiva da Fundação
de Apoio à Faculdade de Educação (Fafe)

Sumário

Prefácio IX

Introdução – Relato de experiência XIII

Capítulo 1

Pedagogia da cultura corporal: motricidade,
cultura e linguagem 1

Capítulo 2

Política, economia e sociedade: reflexos sobre o projeto
educativo da educação física 31

Capítulo 3

Sociedade, multiculturalismo e educação física 63

Capítulo 4

Educação física: currículo, identidade e diferença 99

Capítulo 5
Aprendendo sobre o Outro: a cultura corporal juvenil 133

Capítulo 6
Utopia provisória: o currículo multicultural crítico da educação física 151

Referências bibliográficas 201

Prefácio

É possível afirmar que a maioria das escolas do mundo contemporâneo, bem como as sociedades das quais elas fazem parte, passou por mudanças profundas. Modificações intensas, como as experimentadas na atualidade, não ocorrem desde o princípio do século XX, quando a reestruturação econômica, impulsionada pela industrialização no Ocidente, forçou as instituições educativas, alicerçadas anteriormente sobre os ideais do Iluminismo, à ampliação, publicização e laicização do ensino. As estruturas fundamentais da educação pública, projetadas para uma época em que imperava uma indústria manufatureira, são questionadas hoje em dia e rapidamente perdem sentido, na medida em que se aproxima um mundo de tecnologia avançada, pleno de ocupações trabalhistas flexíveis, populações escolares diversificadas, equipes administrativas reduzidas e recursos naturais em declive.

O que está ao alcance da vista é estranho e incerto. Os sistemas descentralizados de projetos pedagógicos autônomos das escolas são acompanhados de proposições curriculares centralizadas e de práticas controladoras, por meio de avaliações unificadas. Enquanto salpicam lampejos de ousadia curricular com propostas inter e transdisciplinares, identificam-se discursos que promovem maior especialização, sectarização e surgimento de novas disciplinas. Se, de um lado, o triunfo do projeto de escolarização, no século passado, merece destaque, pois alcançou grande parcela da população, do outro, é recorrente a ideia de que a escola vem sendo marcada por um déficit de legitimidade, na medida em que não cumpre com o que promete.

Em meio a tudo isso, a diversidade cultural é uma realidade que impõe novas responsabilidades à escola e aos professores. Longe de construir um obstáculo ou um problema, essa diversidade é uma riqueza. A existência de alunos com diversas heranças culturais obriga a escola a adaptar o seu currículo às diferentes culturas que chegam. Acontece, porém, que, como regra, a pertença a determinado grupo é acompanhada, igualmente, de uma identidade cultural. Quando surge uma associação entre a pertença a uma minoria desprovida de poder e um passado de opressão e exploração, então o currículo escolar deve abrir espaço para o conhecimento dessa história de opressão e dar voz às culturas que foram historicamente sufocadas ou silenciadas, bem como concretizar estratégias que combatam eficazmente os preconceitos.

Não se julgue, contudo, que o currículo multicultural traz vantagens somente aos alunos pertencentes aos grupos socialmente discriminados. Em uma sociedade cada vez mais heterogênea, tanto em termos étnicos como culturais, a imersão em um currículo multicultural é também necessária para os alunos pertencentes aos grupos dominantes, porque adquirem conhecimentos sobre outras culturas que lhes permitirão desenvolver atitudes de reconhecimento e respeito com as diferenças. Um currículo multicultural corresponde a um espaço privilegiado de ações políticas no qual se vive a democracia, o exercício do direito à palavra, e aprende-se a ser intolerante com as desigualdades e injustiças sociais.

Nesse novo contexto, o Estado deve criar condições para que as diferentes heranças culturais tenham seu espaço no projeto político-pedagógico da escola, visando, exatamente, promover atitudes de respeito e combater estereótipos e preconceitos contra os grupos culturais sem privilégios.

Prefácio

As sociedades democráticas devem garantir os direitos de cidadania a todos. A igualdade perante a lei e os direitos de participação na vida pública só se tornam reais se todas as crianças e jovens, independentemente das suas origens, tiverem acesso a uma educação que lhes assegure possibilidades e oportunidades de atingir o máximo de suas potencialidades. A educação multicultural crítica se apresenta como um caminho possível para o alcance desse direito. Nessa perspectiva, a educação pode ser um instrumento de promoção da igualdade de oportunidades e favorecer a justiça social.

Para crianças e jovens que, ao chegarem à escola, deparam-se com hábitos, valores e costumes estrangeiros, é necessário que a sociedade mobilize recursos capazes de transformar essa discrepância, colocando em prática, desde logo, programas de educação multicultural, de forma a dar voz às culturas subjugadas e aproximar o currículo das vivências, práticas culturais e experiências das crianças e jovens pertencentes aos diversos grupos étnicos e culturais que frequentam a escola.

Importa referir que a pior maneira de lidar com as diferenças é criar programas educativos de menor exigência e de pior qualidade para alunos que revelem dificuldades em seguir um currículo comum. Não restam dúvidas de que o conhecimento da cultura comum à maioria constitui uma necessidade de todos os alunos, o que não significa o desprezo pelos saberes culturais por eles trazidos.

Quando se coloca a ênfase na criação de currículos multiculturais, está se afirmando a crença de que todas as crianças possuem um patrimônio cultural que precisa ser reconhecido, socializado e ampliado pela escola. Com essa postura, a educação, como instrumento de justiça social, contribuirá enormemente para o aprofundamento da sociedade democrática. Um dos pressupostos de afirmação de uma sociedade democrática é a justa distribuição dos recursos públicos, proporcionando mais a quem mais precisa. Na verdade, o caráter de uma sociedade se revela pela forma como ela trata os grupos que dispõem de menor poder, seja por condições de classe social, gênero, etnia, religião, faixa etária, saúde etc.

Como alternativa, em obra anterior (Neira e Nunes, 2006) foi sugerida a construção de uma prática pedagógica multicultural no campo pedagógico da educação física. Para tal empreitada, foram travadas extensas discussões sobre cultura, cultura escolar, currículo, cultura corporal e método de ensino. Em virtude da grande responsabilidade assumida naquele momento e da pretensão daquela obra – fornecer os subsídios teóricos necessários para uma pedagogia crítica e pós-crítica da educação física –, alguns aspectos e conceitos fundamentais foram superficialmente abordados. Esse é o ponto de partida desta obra, que apresenta e debate algumas alternativas teórico-práticas com a intenção de fornecer os elementos que, no entender do Grupo de Pesquisas em Educação Física Escolar da Faculdade de Educação da Universidade de São Paulo (FEUSP), sustentam a construção de uma pedagogia multicultural crítica da cultura corporal.

Visando facilitar a compreensão do texto, o leitor, logo de início, terá acesso a um relato de experiência que sintetiza e ilustra uma prática pedagógica multicultural crítica. Em seguida, a leitura de cada capítulo favorecerá o aprofundamento necessário para a compreensão dos conceitos teóricos mobilizados no transcorrer do mencionado projeto.

Nesta obra encontram-se, em forma de texto, discussões, debates e reflexões elaborados a partir de pesquisas-ação desenvolvidas em escolas de Ensino Fundamental que têm subsidiado tanto as experiências de formação inicial e contínua de professores como a construção de novos desenhos curriculares para a educação física, em diversos municípios do Estado de São Paulo.

Marcos Garcia Neira
Professor da Faculdade de Educação da
Universidade de São Paulo (FEUSP)

INTRODUÇÃO
Relato de experiência[1]

Mediante a avaliação do projeto pedagógico do ano anterior, a comunidade escolar apresentou-se muito preocupada com os valores demonstrados por alguns alunos perante os seus depoimentos em sala de aula, classificados pelos professores como consumistas e preconceituosos em relação às questões de classe e gênero. Nesse sentido, os docentes do Ciclo II do Ensino Fundamental, em reunião conjunta, entenderam ser necessário trabalhar aspectos relacionados às seguintes problemáticas: consumo, preconceito social e de gênero. O professor de educação física do 7º ano escolheu a manifestação cultural "futebol soçaite" como uma temática adequada à reflexão sobre as questões sinalizadas.

A escolha deveu-se a alguns fatores constatados por seu mapeamento inicial. A observação do bairro confirmou a existência de três áreas distintas, contendo campos de areia e grama sintética, uma vez que o bairro em que a escola está estabelecida passou por

---
[1] Este documento relata o "Projeto Futebol Soçaite", desenvolvido em uma escola de Ensino Fundamental da capital paulista. Como será visto, a experiência descrita constitui um exemplo de uma prática pedagógica multicultural crítica da educação física cujos elementos principais serão teorizados no corpo do livro.

transformações urbanas que possibilitaram a construção de campos para essa prática. Vários alunos são seus usuários em função da participação nas "escolinhas de futebol" que funcionam durante o dia, enquanto o mesmo espaço é alugado aos adultos no período noturno. O professor também constatou que muitos pais, familiares e vizinhos frequentam esses espaços.

Como pudemos observar, a partir dos levantamentos realizados pelo professor e como um texto a ser interpretado, o "soçaite" contém alguns indícios que possibilitam orientar uma leitura significativa tanto da sua prática como das relações que ela possibilita.

Ainda na fase de planejamento, os professores e as professoras debateram os objetivos a serem alcançados cujas finalidades direcionavam-se às representações previamente diagnosticadas. A história da modalidade, sua expansão socioeconômica, o fim dos campos de futebol de várzea e as escolinhas de futebol como fenômeno político-econômico-social, a influência do marketing esportivo, o esporte-consumo, a carreira de jogador de futebol, a participação da mulher nesses espaços e as formas de jogar (regras, técnicas e táticas) constituíram conteúdos de ensino selecionados, debatidos e reorientados com a participação dos discentes. De posse desses elementos, o professor organizou uma sequência didática para efetivação do projeto.

No encaminhamento do "Projeto Futebol Soçaite", coube a realização de uma pesquisa histórica visando identificar seu lócus original, os códigos culturais implícitos em sua prática e sua trajetória histórica, que lhe permitiram o reconhecimento social. O grupo descobriu que essa modalidade teve início em partidas promovidas por pessoas da elite carioca – a *high society* – em campos localizados no quintal das suas mansões, com a presença de alguns ex-jogadores de futebol famosos (que eram remunerados para se apresentar) e, com isso, valorizar os encontros. Hoje, essa manifestação ocupa grande espaço no cenário das práticas corporais. Ganhou outros adeptos e também o significado de reserva de mercado. Os jogos nos quintais das elites continuam. Entretanto, sua expansão permitiu o acesso de outra parcela da população que disponibiliza recursos para pagar pela prática.

Sem dúvida, o que podemos notar é a transformação metodológica da educação física: de atividade que concentrava práticas corporais para um espaço rico em reflexões sobre as relações de classe social, de gênero, e de consumo, em suma, uma releitura do âmbito social.

Para iniciar sua ação pedagógica, o professor acolheu os alunos e alunas, anunciou a temática daquele semestre e pediu-lhes que se organizassem em grupos para registrar seus dados (eles dispunham de um caderno para a educação física). Perguntou-lhes se sabiam as diferenças entre o futebol soçaite, de campo e de salão. Como resposta encontrou: tamanho do campo, número de jogadores, peso e tamanho da bola, tempo de jogo e algumas respostas que variaram de poucos dados – desde a comparação apenas entre o de campo e o de salão – até "não sabemos o que é; nunca ouvi falar". Chamou os alunos para perto da lousa (localizada no pátio) e foi anotando os dados. Pediu que cada grupo completasse seu registro com as informações dos demais colegas. Ao final, solicitou que os grupos elaborassem, para as próximas aulas, formas de organizar aquela prática no espaço da escola. Os alunos deveriam estar atentos ao espaço físico, número de discentes, tempo para organização e jogo (o professor decidiu que precisaria dos dez minutos finais da aula) e regras.

A essa primeira aproximação dos alunos com a temática denominamos "etapa de socialização dos saberes", a qual serve como avaliação diagnóstica. Além disso, esse momento rompe com a organização diretiva da aula e inicia a aproximação dos estudantes com a leitura da manifestação, pois algumas situações foram divergentes e outras esclarecedoras para aqueles que disponibilizam de pouca ou nenhuma informação. Ressalte-se o fato de o professor também fazer suas anotações a respeito da formação dos grupos, da participação no levantamento e na atuação diante da exposição dos dados. Entre alguns resultados, nota-se o equilíbrio de conhecimento entre os gêneros e a falta de informação generalizada, ou seja, mesmo fazendo parte do patrimônio cultural da comunidade, os conhecimentos dos alunos são limitados.

No encontro seguinte, perguntou qual grupo havia elaborado o jogo. Dois grupos apresentaram-se. Definido um grupo por meio de um rápido sorteio, os alunos explicaram sua proposta de jogo, abriram espaço para questionamentos e conduziram toda a atividade com a ajuda do professor. É interessante ressaltar que, ao permitir a organização dos alunos, o professor aproxima-os da situação real e, assim, abre caminho para a participação coletiva, pois, durante a realização do projeto, todos estarão sujeitos a essa situação. Antes da atividade prática, o professor solicitou uma tarefa diferenciada para cada grupo, a saber: grupo 1) analisar a proposta apresentada perante critérios, como distribuição das equipes, adequação do tempo de jogo, organização do material, explicação; grupo 2) comparar semelhanças e diferenças entre as regras propostas e as regras do soçaite e analisar vantagens e desvantagens; grupo 3) organização coletiva de cada equipe; grupo 4) cumprimento das regras por parte dos jogadores e forma de resolver dúvidas (na proposta daquele grupo não havia arbitragem); grupo 5) dificuldades gerais de compreensão do jogo ou da sua execução.

A distribuição das equipes não seguiu a organização do primeiro encontro dos grupos. Como a escolha dos times era de cada grupo, o professor não podia interferir no processo. Assim, em dados momentos, alguns alunos de um grupo jogavam, enquanto outros realizavam a tarefa solicitada. Essa dinâmica permitiu também que quem estivesse impossibilitado de exercer a prática por qualquer motivo não fosse excluído do processo de aprendizagem, pois, como foi dito, a função social do componente não é promover a aprendizagem das técnicas do soçaite, mas fazer uma leitura crítica da sua manifestação.

Ao término da aula, o professor abriu espaço para que cada grupo declarasse seus apontamentos. Note aqui mais um passo em direção ao pensamento crítico. Os alunos lentamente vão desenvolvendo essa capacidade. Para alguns, há o momento inicial de mera

Introdução – Relato de Experiência

contemplação. Muitas coisas são imperceptíveis e não podem ser decodificadas. O exercício proposto permite voltar o olhar para algumas delas, a fim de que sejam posteriormente analisadas.

Os questionamentos e sugestões apresentados abriram campo para o professor questionar os alunos quanto à necessidade de conhecer melhor certos aspectos da prática corporal, foco da temática. O resultado unânime ressaltado foram as regras do soçaite. Isso posto, o professor anotou na lousa um trabalho para o próximo encontro: as regras do futebol soçaite a partir de duas perguntas que os alunos deviam formular, tencionando saber se os praticantes conheciam as regras. Nesse caso, o professor não fez a pergunta, mas, direcionando a questão para a construção pessoal, mostrou o objetivo. Para tanto, indicou uma tarefa específica para cada grupo de alunos: entrevistar praticantes que conhecessem (familiares, vizinhos etc.), praticantes de outra modalidade de futebol, professores da escolinha de futebol que frequentavam, mulheres conhecidas que gostassem de futebol, praticantes de futebol, mas que nunca ou pouco jogaram soçaite ou a realização de uma busca em sites específicos (direcionados pelo professor) sobre as regras. O professor explicou o que era uma entrevista de estrutura aberta, sugeriu algumas questões e pediu sugestões, anotando-as no quadro. Posteriormente, todos copiaram as questões. Ficou combinado que no próximo encontro seriam apresentados aos amigos os dados coletados, visando à comparação dos resultados.

Ressalte-se aqui o momento de releitura dos significados culturais. A prática do futebol soçaite, vivenciada em seu espaço original, apresenta códigos e significados que diferem da vivência em aulas. Isso quer dizer que "trazer" o futebol soçaite para dentro da escola necessita de um processo de adaptação da prática à situação escolar; logo, a aula não é um espaço da reprodução cultural. Ampliando a questão, podemos dizer que esse é um momento para os alunos perceberem a possibilidade da ação não homogeneizante e a plasticidade da produção cultural. A função do professor, nesse momento, é aproximar os alunos dessa possibilidade de ação contra-hegemônica.

Fundamental reforçarmos que a leitura e a escrita aqui propostas não são objetos de estudo da educação física, mas recursos necessários para o processo tanto dos alunos, que podem acessar informações, produzir críticas etc., como para os professores, que podem fazer uso dessas produções para observar indícios necessários, e avaliar seu trabalho e o aprendizado dos alunos. Por outro lado, o sujeito crítico é aquele que investiga, questiona, cria. Nessa direção, outros textos verbais e não verbais, como narrativas, filmes, fotos, reportagens etc., podem ser utilizados para proporcionar uma leitura ampla dos contextos culturais tematizados.

As entrevistas revelaram elementos bem interessantes. A partir de uma breve apresentação das regras oficiais pelo grupo que acessou a Internet e sua comparação com as entrevistas, os alunos perceberam a pouca compreensão em alguns casos e, em outros, o total desconhecimento das regras por parte do público entrevistado. Observaram também uma forte referência ao emprego de regras combinadas entre os participantes. Esse fato fez que outros grupos melhorassem a formulação das suas regras, além de reforçar a ideia de participação democrática e construção coletiva.

Um dos dados que apareceu nas entrevistas, e foi valorizado pelo professor e utilizado para questionar os alunos a respeito de outro problema recorrente na aula, foi a descoberta de que a prática dessa modalidade dá-se quase exclusivamente por grupos masculinos. Salvo raríssimas exceções, há duas ou três meninas frequentando algumas aulas nas escolinhas. O professor propôs aos alunos que tentassem desvendar essa questão e encontrassem uma explicação para o fato.

O professor retomou a história da modalidade já conhecida por parte dos alunos, mas, dessa vez, de forma escrita e aprofundada – retirada de uma pesquisa feita por ele na Internet. Antes de entregar o texto aos alunos, perguntou-lhes quem se recordava da história da modalidade. Houve muita brincadeira e opiniões diversas. Após a leitura do texto, alguns alunos manifestaram-se a respeito do fato. A maioria colocou-se criticamente em relação à sua gênese e uma aluna chegou a compará-la com o *apartheid*. Muitos não sabiam do que se tratava o comentário e o professor pediu à aluna que explicasse para o restante da classe. Após essa opinião, outros disseram que era mais uma forma de esconder o preconceito social em relação aos pobres ou às mulheres. Outros alunos – que por sinal eram frequentadores do espaço – defenderam que isso era um fato isolado, pois, hoje, todos podiam jogar soçaite. O professor perguntou quanto eles pagavam para jogar, e se isso era possível para todos, e quantas mulheres conheciam que jogavam com eles e como eles. O debate "ferveu", evidenciando pensamentos sociais diferentes entre os alunos. Aqui se abre espaço para um fato interessante: a união de pessoas tidas como distantes em torno de uma ideia, uma política de identidade.

A fim de ampliar as informações dos alunos, o professor pediu-lhes que fizessem um levantamento dos gastos com a prática – locação de espaços, mensalidades da escolinha, equipamento esportivo, transporte etc. Diante do quadro, o professor perguntou aos alunos quais perguntas podiam ser feitas para contribuir com o debate. Após algumas ideias, definiram-se as perguntas, o local que cada aluno investigaria e a forma de apresentação dos resultados. O professor explicou de que modo podiam obter os dados solicitados.

Os resultados, apresentados em cartazes, contribuíram significativamente para a construção do pensamento crítico. Para ilustrar, destacamos alguns deles:

- O patrão paga metade do aluguel do campo e a outra metade é paga pelos funcionários.
- Os convidados não pagam nada.
- O aluguel e a cerveja são divididos pelo número de participantes.
- Alguns sempre esperam uma chance para jogar.
- As mulheres ficam torcendo ou conversando.
- No campinho de terra, ninguém paga nada.

Foram levantados dados sobre o preço da locação do campo, do material esportivo necessário para a prática e da mensalidade das escolinhas de futebol. Diante da variedade de custos, foi possível aos alunos averiguar as diferenças de preço dos espaços, as dificuldades de algumas pessoas que não poderiam estar ali participando sem algum "patrocínio" e a qual grupo socioeconômico pertencem os diversos elementos que compõem esse espaço cultural.

O projeto teve continuidade com as vivências práticas propostas pelos demais grupos e com trocas das tarefas determinadas no início. Assim, o professor garantiu a todos a possibilidade de analisar aspectos diferenciados da prática. Isso, sem dúvida, contribuiu para o desenvolvimento da "leitura crítica" do soçaite.

Como já era previsto, ao longo das vivências, outros problemas ocorreram, tais como: o menosprezo por quem não jogava de acordo com as expectativas de alguns e a valorização exacerbada de quem o fazia, a formação de equipes desequilibradas, entre outros. Esses aspectos abriram possibilidades para o professor proporcionar outras investigações a fim de ajudar os alunos a entender e resolver essas questões.

Em outro momento, o professor passou um trecho do filme *Boleiros*[2] em que o protagonista, um ex-jogador de futebol, apresenta dificuldades em lidar com o final da carreira esportiva e o ostracismo que esse fato acarreta. Antes de iniciar o filme, o professor entregou um roteiro com a sinopse do filme e solicitou duas questões para os alunos:

– comparar a história narrada com a origem do soçaite abordada anteriormente;
– relacionar a presença de ex-atletas nos campos das elites cariocas com os "convidados" do soçaite do bairro e a divisão desequilibrada das equipes nos jogos das aulas de educação física.

Além do registro escrito, que garante ao professor observar indícios para sua avaliação, essa atividade proporcionou intenso debate

---

[2] *Boleiros – Era uma vez o futebol...* (direção de Ugo Giorgetti), Brasil, 1998.

sobre aspectos relacionados à carreira de jogador de futebol e ao uso da prática como forma de motivação (para os alunos, como manipulação) para pessoas de classe social de pouco poder aquisitivo.

Para fechar o projeto, os alunos redigiram um livro de regras do soçaite "da classe" (que mais se aproximou do showbol), isto é, as regras que mais os favoreciam. Um grupo de alunos sugeriu a criação de um gibi cujo enredo tratasse da exclusão da prática por quem não pode pagar por ela.

Podemos perceber que alguns conteúdos propostos *a priori* não foram trabalhados, pois o encaminhamento das aulas não seguiu a direção visualizada inicialmente pelo professor. Esse fator reforça a ideia de que a condução do processo não é exclusividade do professor, mas, sim, uma construção dialética. Outro fator importante diz respeito ao tempo de duração do projeto. Em seu transcorrer, as atividades propostas servem como avaliação reguladora, ou seja, no decorrer das intervenções pedagógicas, busca-se identificar insuficiências e avanços das atividades propostas, visando promover modificações na prática pedagógica sempre que necessário, a fim de intensificar as oportunidades de aprendizagem e os encaminhamentos que virão a seguir. Isso nos indica que o tempo previsto pode se esgotar ou adiantar. Tudo depende das necessidades e dos questionamentos da turma em relação à temática e aos objetivos propostos pelo corpo docente.

As propostas apresentadas pelo professor favorecem a ampliação dos saberes dos alunos com relação à manifestação abordada. Percebe-se aqui, contrariamente ao que se afirma, que esse método não se encerra na permanência e ênfase do que eles já sabem. Pelo contrário, atento às discussões e dificuldades que surgem nas aulas, o professor pode contribuir, pela mediação, com o enriquecimento do capital cultural dos alunos. O que esse projeto nos mostra é que a tematização de uma manifestação da cultura corporal possibilita ampla gama de ações didáticas para aproximar alunos e professores da leitura das diferentes realidades de contextos sociais diversos.

CAPÍTULO 1
Pedagogia da cultura corporal: motricidade, cultura e linguagem[1]

Nos últimos tempos, tem-se ampliado o debate em torno de melhor definição da função social da escola. Talvez um dos focos das disputas encontre-se justamente no que Moreira e Candau (2003) assinalaram. Os autores destacam o desafio do cumprimento da sua tarefa educacional diante do novo quadro que se apresenta, por eles enfrentado. Ao permitir o acesso de toda a população, a escola vem sendo frequentada por diferentes grupos culturais e sociais, cada qual com suas necessidades e expectativas. Como garantir o convívio e a apropriação do patrimônio cultural de pessoas tão diferentes? Estranhamente, a promoção de valores como o de respeito mútuo, nessa situação, é justamente a maior dificuldade enfrentada pela escola e pela sociedade atual.

Temas como reformas curriculares, modificações nos métodos de ensino, reestruturação da avaliação, entre outros, estão sempre presentes nas análises que permeiam a discussão pedagógica. Nesse quadro, encontra-se um espaço relevante destinado à educação fí-

---
[1] Este capítulo, escrito em coautoria com Mário Luiz Ferrari Nunes, originou-se dos debates travados com o grupo de educadores da Secretaria Municipal da Educação de São Paulo durante o ano de 2006.

sica. De um lado, existem posicionamentos que a concebem como uma atividade que pode ser abordada e vivenciada em espaços escolares complementares, e, do outro, é vista como necessária ao processo de escolarização e à formação da cidadania para a participação da sociedade atual, tanto como os demais componentes curriculares.

Desde a sua introdução no currículo escolar brasileiro, por meio de uma reforma que tornou a prática da ginástica obrigatória no ensino primário no Rio de Janeiro, em 1851, até a atual Lei de Diretrizes e Bases da Educação Nacional, promulgada em 1996, que a classifica como componente curricular e a integra à proposta pedagógica da escola, as propostas curriculares da educação física passaram por diversas transformações sociais e históricas. Em função da fragmentação do conhecimento e da valorização cultural das atividades intelectuais em detrimento das atividades motoras, foram atribuídos significados diversos à educação física na história da escolarização no Brasil. Assim, é compreensível, em alguns momentos, seu isolamento no currículo e sua utilização instrumental expressa em objetivos vinculados à eugenia, à preparação de corpos ordeiros e saudáveis para o trabalho, à preparação militar, à formação de talentos esportivos e à promoção da saúde.

No entanto, a partir do final dos anos 1970 e início dos anos 1980, diversos questionamentos proporcionam novas atribuições para a área. O surgimento das ciências do esporte possibilitou algumas críticas às aulas esportivas, pela falta de conhecimento científico por parte dos profissionais da área, para fundamentar sua prática pedagógica. Os questionamentos em relação às habilidades infantis necessárias ao processo de alfabetização e a crítica aos exercícios de prontidão abriram campo para a psicomotricidade. A perspectiva do desenvolvimento humano também se fortificou com a divulgação e a valorização de pesquisas sobre o comportamento motor, desenvolvimento motor e aprendizagem motora. Outro fator decisivo foi o estabelecimento de novas ligações teóricas da área, dessa vez, com os saberes relativos às ciências humanas (filosofia, história, antropologia, sociologia, semiótica). Essa relação ganhou corpo especifica-

CAPÍTULO 1 Pedagogia da Cultura Corporal: Motricidade, Cultura e Linguagem

mente no âmbito escolar com a aproximação das análises críticas a respeito da função social da educação e, particularmente, da educação física. Contudo, tal proximidade não se dá sem os devidos esclarecimentos epistemológicos. Para tanto, a educação física escolar precisa estar inserida e absorver as discussões pedagógicas em busca das transformações da sociedade.

Enquanto componente curricular do Ensino Fundamental, o antigo consenso acadêmico de que a educação física teria como objeto de estudo o movimento humano tem sofrido alguns questionamentos, o que torna necessário maior aprofundamento sobre essa questão.

Como se sabe, a educação física possui uma longa tradição pautada nas ciências biológicas. Sua gênese está nas concepções naturalistas de homem e de corpo, divulgada, por filantropos como Guths Muths, Rousseau, Pestalozzi e outros (Betti, 1991), ao longo dos séculos XVIII e XIX. Em seus ideais, preconizava-se uma ação formadora para o corpo, a fim de orientar a criação de virtudes e corrigir qualquer possibilidade do surgimento de movimentos, comportamentos ou posturas julgados defeituosos. Naquele momento, a educação do corpo e, consequentemente, das formas de ele se movimentar constituíram o objeto da educação física.

Em sua trajetória histórica, a educação física e a educação do corpo foram submetidas a variados vetores de força, tanto sob a pressão das diversas teorias científicas que lhe dão respaldo enquanto área de conhecimento como das pressões sociais das quais decorrem sua existência e finalidade. Esses condicionantes sócio-históricos podem ser resumidos na explicação de Santin (1987) sobre as concepções do movimento humano.

A primeira concepção advém da compreensão do homem como uma máquina viva, que funciona dentro de princípios e leis da física mecânica. Aqui, o movimento humano é objeto de estudo da biomecânica, cujo propósito é a busca da eficiência mecânica dos movimentos. Podemos encontrar, nessa área de atuação, desde estudos para obter melhor eficácia no salto em altura, no deslocamento junto à rede para efetivar o bloqueio no voleibol, e no saque do tênis etc. até estudos para a composição de materiais esportivos adequados ao desempenho motor.

Segundo o autor, uma segunda maneira de conceber o movimento humano é visualizando-o como força ou energia produtiva. Essa concepção se centraliza nos princípios da fisiologia do exercício, construídos por meio da análise dos mecanismos metabólicos utilizados pelo organismo a fim de produzir energia necessária para a realização de atividades físicas. Nessa visão, a educação física é a responsável pela melhoria dos parâmetros fisiológicos e das capacidades físicas.

A terceira concepção atribui como objetivo da educação física a aprendizagem das habilidades motoras básicas visando à ampliação do acervo motor dos indivíduos. Para tal, o processo ensino-aprendizagem se organiza partindo dos movimentos fundamentais até a aprendizagem de movimentos complexos e especializados ou culturalmente determinados, como esportes e lutas, por exemplo. Como demonstra o percurso histórico da área, essas concepções estão enraizadas no modo de pensar e fazer educação física e se encontram presentes no ideário do componente.

Por fim, Santin apresenta uma quarta maneira de conceber o movimento humano. Para ele, o homem, ao se movimentar, expressa uma intencionalidade. Isso quer dizer que o movimento humano é repleto de significados. Aqui, o autor concebe o movimento humano como meio para expressar sentimentos, emoções e toda produção cultural de determinado grupo social. O movimento humano é uma forma de linguagem.

Essas ideias podem ser sintetizadas no conceito de "motricidade humana", divulgado pelo filósofo português Manuel Sérgio (1989). Em suas definições, a motricidade humana é inseparável do conceito que se tem do homem e da sociedade. A motricidade, aqui, é entendida como a síntese cultural e biológica do homem, passível de expressão pelo movimento. Para o autor, a motricidade expressa a unidade das funções sensoriais e motoras, que é constituída a partir da convi-

CAPÍTULO 1 Pedagogia da Cultura Corporal: Motricidade, Cultura e Linguagem

vência do sentimento que o homem tem da sua corporeidade com a percepção do meio físico e social, ou seja, a cultura na qual o sujeito está inserido. Para o filósofo, por meio dos movimentos executados no cotidiano, definem-se as ações do corpo sobre o ambiente físico e social e, por intermédio dessa interação, é estabelecida a motricidade do indivíduo. A partir dessa definição, podemos compreender o jeito "arrastado" de andar do caiçara conformado pelo contato de seus pés com a areia; as mãos e orelhas calejadas pelas lutas e treinos dos lutadores de jiu-jítsu; os corpos fortes e acrobáticos dos trapezistas; a postura ereta e enrijecida dos militares; a pele e o rosto marcados das pessoas que exercem suas atividades profissionais sob o sol, e tantos outros exemplos de corpos culturalmente marcados.

A partir desses conceitos, Manuel Sérgio propõe a ciência da motricidade humana como o *corpus* científico que compreende e explica as condutas motoras visando ao desenvolvimento global do indivíduo e apresenta como fundamentos simultâneos aspectos físicos, biológicos e antropossociológicos. Em suas considerações, a educação física escolar seria o ramo pedagógico da ciência da motricidade humana. Uma vez que a motricidade humana é constituída na relação sujeito-cultura, é possível inferir que suas formas, traduzidas em gestos, posturas e movimentos significativos encontram-se no patamar da produção cultural, logo, no âmbito das ciências humanas.

Dessa definição antropológica, entende-se cultura como um conjunto de modos de vida de cada grupo social constituindo-se em prática social. Entre as práticas sociais ou formas culturais de cada grupo encontram-se as práticas corporais que são provenientes da intencionalidade comunicativa da motricidade humana sistematizada, redimensionada e transmitida de geração a geração em cada grupo cultural e nas suas infinitas hibridizações. Esse patrimônio histórico-cultural se fixou pelas expressões hoje conhecidas por esporte, ginástica, luta, dança, brincadeiras e outras manifestações culturais expressas pela motricidade humana. Essas práticas corporais ou formas de manifestações culturais são denominadas cultura corporal, cultura corporal de movimento ou cultura de movimento. Diante desse estofo teórico, é possível na atualidade ampliar a discussão sobre o movimento humano e afirmar que o objeto de estudo da educação física escolar é a cultura corporal.

Entretanto, o termo cultura corporal, apesar de bastante divulgado, é pouco compreendido no seio da educação física. Perante as várias interpretações efetuadas por diversos autores e, muitas vezes, fundamentadas em aportes teóricos diferentes, encontram-se conotações e usos diversos para o termo. Portanto é necessário que se saiba o que cada autor quer dizer quando se reporta à cultura corporal, tanto no que se refere ao uso da expressão cultura como no da cultura corporal. Essa tarefa foi extensamente desenvolvida por Neira e Nunes (2006), o que torna desnecessário fazê-lo aqui. No entanto, as características da presente obra implicam, por questões de prudência diante do risco de confundir os leitores, a necessidade de expor a concepção de cultura utilizada.

A expressão "cultura" tem um longo percurso semântico, etimológico e teórico. A perspectiva aqui adotada parte do questionamento do seu sentido antropológico e sua universalidade, recorrendo, para tal, à construção teórica dos Estudos Culturais. Nesse referencial, a busca por uma definição histórica das práticas culturais ocorre por meio dos conceitos de formação social, poder cultural, dominação e regulação, resistência e luta. Nessa concepção, a cultura não só é um conjunto de modos de vida, mas também práticas que expressam significados que permitem aos grupos humanos regular e organizar todas as relações sociais. Nessa perspectiva, toda e qualquer ação social expressa ou comunica um significado e, nesse sentido, são práticas de significação, o que indica que cada instituição ou atividade social cria e precisa de um universo próprio, distinto, de significados e práticas, isto é, sua própria cultura. Assim entendida, a cultura constitui uma relação social. Esse conceito mostra que a cultura é um campo de luta pela validação dos significados.

A partir daí, é possível identificar na cultura corporal um campo de luta cultural expressa na intencionalidade comunicativa do movi-

CAPÍTULO 1 Pedagogia da Cultura Corporal: Motricidade, Cultura e Linguagem

mento humano. O exemplo da capoeira elucida bem essa questão. Há bem pouco tempo, essa manifestação corporal era desqualificada como prática social e reduzida a uma pequena parcela marginalizada da população. Sua prática era proibida por lei e seus praticantes muitas vezes foram presos, seus gestos foram tidos como violentos ou como fruto de pessoas "sem valores". Nesse contexto, a presença da capoeira na escola era algo inadmissível. Hoje, tanto a capoeira como os capoeiristas encontram-se inseridos no contexto escolar e sua participação amplia-se para a sociedade em geral. De atividade de "bandidos e/ou maloqueiros", a capoeira tornou-se símbolo e porta-voz da cultura nacional em diversos países. Isso não ocorreu por acaso e sim por meio de lutas pela sua significação. Como forma de manifestação cultural, a capoeira ganhou mais que um espaço de atuação: ela propiciou uma ação política da cultura negra. Seria possível enumerar um repertório quase infinito de lutas pela significação manifestado mediante as práticas corporais (futebol, voleibol, *hip hop*, quadrilha junina, esportes radicais, jogos de rua etc.), pois esse movimento é permanente no jogo do poder cultural.

O homem, durante seu processo evolutivo, expressou de diversas formas a sua cultura, entre elas a arte, a linguagem, os contos, as músicas, o folclore, os jogos etc. Por meio dessas representações simbólicas, os seres humanos corporificam seus afazeres cotidianos e manifestam suas produções culturais, como o processo de organização social (leis, regras, normas de convívio social, trabalho etc.), as formas de explorar as fontes de alimentação (pesca, caça e a agropecuária) e sua religiosidade (crenças, credos, mitos e festas). Tudo isso demonstra que os problemas e as soluções gerados da convivência social estão marcados e inseridos nas brincadeiras, nos esportes, nas lutas, nas diversas formas de ginástica, nas danças e nas artes circenses. Essas formas de expressão são visíveis em todos os lugares e em todas culturas, porém cada uma delas possui sentido e significado diferentes, embora sempre em conformidade com o contexto no qual se dão. Como caso emblemático na esfera das lutas, vale comparar as produções culturais japonesas com as ocidentais: por meio de gestos (técnicas), ambas produzem suas diferentes filosofias.

Partindo do pressuposto de que todo homem é um ser cultural, logo, possuidor de cultura, e de que todo comportamento humano, por mais próximo de suas necessidades fisiológicas que seja, relaciona-se com a cultura, conclui-se que os comportamentos corporais são, antes de tudo, culturais. Portanto, não há uma forma universal e natural de andar, correr, saltar, dançar, lutar, jogar etc., assim como não existem modos corretos de se sentar à mesa, falar, rezar, comer, lavar-se etc. É possível dizer que há uma forma ímpar própria ao grupo social, na realização de cada gesto e que se distingue de outras formas de execução dessas ações por outros grupos, tanto no que se refere à maneira pela qual se dá o gesto propriamente dito (técnica) como pelo significado que representa no seio daquele grupo em particular. Nessa visão, é possível supor que os significados da prática do futebol por jogadores de equipes profissionais diferem dos sentidos atribuídos pelos participantes de um jogo realizado em um campinho de bairro ou na quadra da escola.

Sendo a escola o espaço socialmente determinado para a socialização do patrimônio cultural historicamente acumulado, entende-se como função social da educação física escolar proporcionar aos alunos das diferentes etapas da escolarização uma reflexão pedagógica sobre o acervo das formas de representação simbólica de diferentes realidades vividas pelo homem, historicamente criadas e culturalmente desenvolvidas. Nesse sentido, a educação física promove uma pedagogia que tem como principal objetivo considerar o contexto sociocultural da comunidade escolar e, por conseguinte, as diferenças existentes entre os alunos, para fazer delas e dos conhecimentos da sua cultura – construídas fora dos muros escolares por meio da família, comunidade, igreja, clube, televisão etc., e do que apreendem nos momentos extraclasse, como entrada, intervalos e saída – condições de igualdade no lugar de critérios para justificar discriminações e preconceitos. Em outras palavras, não devem existir nem prevalecer "técnicas corporais" melhores ou piores, a não

CAPÍTULO 1 Pedagogia da Cultura Corporal: Motricidade, Cultura e Linguagem

ser que se determine um modelo (cultura) único a ser seguido, atitude que não condiz com a sociedade multicultural[2] atual.

Diante das incessantes produções de novos conhecimentos e da especialização e diferenciação dos saberes, a escola está obrigada a buscar novos elementos para proporcionar aos alunos a relação entre esses conhecimentos produzidos, a princípio, em campos separados. Nestes tempos, o conteúdo de ensino da educação física precisa contemplar as aprendizagens necessárias para uma profunda compreensão histórica e sociopolítica de toda produção das manifestações da cultura corporal, visando alcançar uma participação mais intensa e digna na esfera pública

Como no relato mencionado, não basta ensinar regras e técnicas para que um dia os alunos possam jogar "futebol soçaite". A educação física deve promover ações que facilitem aos jovens o entendimento das intenções e das relações sociais que estão inseridas nesse jogo. É possível perceber que as tarefas educativas sugeridas naquele projeto proporcionaram aos educandos o acesso a outras informações por meio de pesquisas, como: a comparação das regras desse jogo com outras formas de jogar futebol por eles conhecidas, a identificação, nas regras, dos aspectos que facilitam o jogo e suas razões, a realização de entrevistas com praticantes dessa modalidade sobre sua inserção nessa prática social ou com pessoas que não a podem usufruir, a discussão dos motivos da presença de ex-atletas nas práticas, a análise da relação entre a expansão do futebol "soçaite", as escolinhas de futebol e o fim dos campos de futebol de várzea como fenômeno sociopolítico-econômico e muitas outras ações, que podem, sem dúvida, se transformar em ricos momentos de reflexão sobre relações de classe social, marketing, esporte-consumo, carreira de jogador de futebol, em suma, uma análise social. Como se pode notar, foram

---

[2] Multicultural é um termo qualificativo que se refere aos problemas de governabilidade de qualquer sociedade em que diferentes comunidades culturais tentam conviver e construir algo em comum e, concomitantemente, mantêm algo de original (Hall, 2003). Essa temática será aprofundada nos capítulos seguintes.

mencionadas diversas atividades que podem potencializar o acesso dos alunos aos conteúdos de ensino necessários para um novo posicionamento diante da prática cultural de futebol soçaite.

Em sentido oposto ao que está sendo discutido, a prática pedagógica da educação física tem apresentado, em algumas escolas, forte vínculo com interpretações instrumentais para o movimento humano, o que permite caracterizar seu ensino pela transmissão e reprodução de padrões preestabelecidos, retirados de elementos culturais específicos (esportes), o que desencadeia a rejeição pelas diferenças técnicas (culturais) dos alunos ou, ainda, o desenvolvimento de habilidades motoras (educação do movimento) e perceptivas (educação pelo movimento), voltadas para o desempenho, para o mérito e para o fazer funcional.

Essas propostas transmitem, de imediato, a visão de crianças e jovens brincando ou praticando esportes. Chama a atenção, no entanto, que essas cenas, comuns no currículo do componente, também sejam visíveis fora da escola. Atentos a esse fato, alguns autores, nos últimos anos, teceram diversas justificativas para a manutenção das práticas corporais na escola, quase todas com vistas a proporcionar uma educação "integral" aos estudantes, e assim garantir a função social da educação física. Porém, cabe alertar que, mediante o raciocínio tecido nos parágrafos anteriores, a ideia da educação integral por meio das práticas corporais não só perde o sentido, como também passa a ser questionada. Se o aprendizado e a execução das práticas corporais também ocorrem na rua, no parque, na praia etc., então, essas experiências já podem ser configuradas como ações educativas. Como se verifica, a simples inclusão das atividades motoras no currículo escolar não representa dignamente a tarefa educacional do componente, em conformidade com a sua função social.

A educação física, como componente curricular, tem de proporcionar algo aos alunos que lhes permita superar o saber construído e vivido para além dos muros escolares. Ela tem de contribuir para questionar de que forma esses saberes consolidam um projeto de vida.

CAPÍTULO 1   Pedagogia da Cultura Corporal: Motricidade, Cultura e Linguagem

Não basta fazer, é preciso refletir, questionar, compreender. Foi compreendendo suas ações que o homem criou os símbolos e vingou como espécie. Esses símbolos são transmitidos e criados a todo instante. A criação é vivida, imaginada, representada. A representação se manifesta, vira ação e se transforma em expressões corporais. Ao jogar, dançar e correr, as crianças comunicam e transformam em linguagem o movimento humano. Cada grupo cultural cria seu estilo próprio de jogar, dançar, lutar etc., expressa sua cultura por meio dessas práticas e elabora, assim, novos códigos de comunicação. Esses códigos são signos que se inscrevem nos corpos de cada grupo cultural.

Nessa perspectiva, é possível afirmar que a prática pedagógica da educação física, na abordagem cultural, visa proporcionar aos sujeitos da educação a oportunidade de conhecer mais profundamente o seu repertório de cultura corporal, ampliando-o e compreendendo-o, e também de ter acesso a alguns códigos de comunicação de diversas culturas, por meio da variedade de formas de manifestações corporais. Para Neira e Nunes (2006, p. 228), na prática da educação física na abordagem cultural,

> (...) não se estuda o movimento, estuda-se o gesto, sem adjetivá-lo de certo ou errado, sem focalizar sua quantidade ou qualidade, sem tencionar a melhoria do rendimento, nem tampouco manutenção da saúde, alegria ou prazer. Nesta abordagem, o gesto fomenta um diálogo por meio da produção cultural, por meio da representação de cada cultura. O gesto transmite um significado cultural expresso nas brincadeiras, nas danças, nas ginásticas, nas lutas, nos esportes, nas artes circenses etc.

Mediante o projeto relatado, foi observado que a compreensão do contexto histórico da gênese do futebol soçaite, as relações sociais que determinaram sua estrutura seletiva, os aspectos que escondem a dominação de um grupo sobre outro e suas formas de regulação que contribuem para a manutenção da hegemonia dos grupos dominantes possibilitaram aos alunos efetuarem relações com outros aspectos do cotidiano. A temática permitiu uma leitura crítica da realidade. Nesse sentido, o que se propõe é a leitura e a interpretação do gesto, do movimento humano, do signo cultural e dos códigos constituintes dos diversos grupos sociais que compõem a sociedade atual.

Interpretação, cultura e movimento

Geertz (1989) afirma que o processo de evolução do homem ocorreu simultaneamente com o desenvolvimento de atividades culturais e sua crescente complexidade. Para esse antropólogo, durante o processo evolutivo, o processo de mutação permitiu a sobrevivência apenas dos que foram favorecidos pela expansão do cérebro e, assim, tornaram-se capazes de aperfeiçoar seus utensílios domésticos, descobrir e se apropriar do fogo, criar e operar com símbolos significantes (linguagem, arte, mito, ritual). Geertz assevera a impossibilidade de compreender a humanidade sem uma análise do impacto da produção cultural na sua constituição, pois não há homem que possa sobreviver sem um conjunto de mecanismos simbólicos. A formação de sistemas simbólicos possibilita ao homem posicionar-se como a única espécie capaz de transformar a realidade, atribuindo-lhe sentidos/significados.

> Tornar-se humano é tornar-se individual, e nós nos tornamos individuais sob a direção de padrões culturais, sistemas de significação criados historicamente em termos dos quais damos forma, ordem, objetivo e direção às nossas vidas (p. 37).

No entanto, a cultura não é apenas um conjunto de sistemas simbólicos. Como já foi afirmado, é também relação, a relação que se estabelece entre seus sujeitos por meio dos seus símbolos, ou seja, a mediação. Procurando analisar a imensa diversidade cultural humana, Geertz (1989) baseou-se na semiótica para interpretar as forma-

CAPÍTULO 1 Pedagogia da Cultura Corporal: Motricidade, Cultura e Linguagem

ções simbólicas de diferentes grupos sociais e elaborar uma concepção interpretativa da cultura. O autor reforça a participação coletiva no processo de produção e mediação cultural, pois, para ele, os símbolos e os significados não são propriedade de cada indivíduo, mas partilhados por eles. Para Geertz, "a cultura é pública porque o significado o é" (1989, p. 9).

As práticas corporais, dadas suas características expressivas, permitem a percepção de que é a cultura que proporciona a gênese, a incorporação, a ressignificação e a socialização das diversas formas de manifestações corporais. Como exemplo, o surfe nasceu da necessidade de certos grupos culturais vencerem a rebentação das ondas do mar tanto para se locomoverem de uma praia à outra como para pescarem. Posteriormente, transformou-se em formas de divertimento, para ser ressignificado em formato de modalidades esportivas e até a sua transformação em outras práticas corporais, como o *skate*, o *kitesurf*, o windsurfe e outras.

Por assim dizer, infere-se que é por meio das produções culturais que os homens e as mulheres estabelecem uma relação comunicativa com a sociedade. Isso implica o entendimento da cultura como um texto a ser lido e, portanto, interpretado. Nesse sentido, Neira e Nunes (2006) afirmam que a gestualidade presente, e característica de cada forma de manifestação da cultura corporal, configura um texto passível de leitura e de interpretação.

Esses textos são compreendidos como meios de comunicação com o mundo, constituintes e construtores de cultura. Cada texto é uma linguagem, com especificidade própria a ser interpretada. O que isso quer dizer é que não é possível adjetivar, mensurar ou comparar qualquer produção cultural e suas formas de linguagem. O estudo das formas simbólicas mediadas pelas relações humanas dá-se em meio ao contexto no qual esses textos e seus significados são produzidos, transmitidos e assimilados.

Tal raciocínio conduz à conclusão de que a semiótica (ciência que estuda os signos) proporciona os elementos necessários para uma interpretação das dimensões da gestualidade implícitas nas manifestações da cultura corporal. Por meio da semiótica, tenciona-se interpretar os signos presentes nas manifestações da linguagem corporal, de modo a proporcionar uma prática pedagógica coerente com a função da educação e da educação física na sociedade multicultural e a sua representatividade na cultura escolar.

O corpo, o gesto e seus códigos de comunicação

A discussão apresentada até aqui fundamenta a compreensão do componente curricular educação física como inserido na área dos códigos e linguagem. O argumento central é que, ao se movimentarem homens e mulheres expressam intencionalidades, comunicam e veiculam modos de ser, pensar e agir característicos, ou seja, culturalmente impressos em seus corpos. Por esse pensamento, entende-se que o corpo também é um suporte textual e nele se inscrevem a história e a trajetória dos homens e da cultura.

É pela interpretação dos textos corporais que se nota a disponibilidade do momento (alegria, tristeza, cansaço, raiva, sono) ou, de maneira mais profunda, a trajetória de vida, a posição social, a profissão, as origens sociais etc. Nesse sentido, é fácil perceber que a vida sofrida das populações mais humildes está inscrita nos seus corpos de forma bem diferente que a opulência das elites. A construção do gênero naquela sociedade específica dirá quais gestos são adequados ou não para os meninos e homens e para as meninas e mulheres – chorar, como se sentar, andar, gesticular etc.

Como se nota, no corpo se inscrevem diversos códigos de comunicação e, para sua melhor compreensão, convém adotar a classificação idealizada por Ivan Bystrina (1995). Para esse semioticista, a comunicação humana pode ser dividida em três níveis: o código hipolinguístico, constituído pelos códigos biológicos e anteriores à cultura, isto é, códigos de comunicação do corpo biológico; o código linguístico, composto pelos códigos sociais que envolvem toda a comunicação pragmática que tem por objetivo os aspectos instrucionais e técnicos; e, finalmente, o código hiperlinguístico, que se constitui pelos códigos

CAPÍTULO 1   Pedagogia da Cultura Corporal: Motricidade, Cultura e Linguagem

culturais (Campelo, 1997). Esses, para Bystrina, são denominados *segunda realidade* e estão restritos a todas as criações humanas que visam identificar e integrar homens e mulheres no próprio grupo, configurando a produção cultural. Esses códigos não estão isolados uns dos outros. É o seu entrecruzamento que garante ao homem desenvolver a capacidade de construção simbólica necessária para a compreensão do mundo que o cerca.

O suor, a elevação da frequência cardíaca, as dores musculares e as emoções, por exemplo, são códigos hipolinguísticos do corpo que comunicam alterações fisiológicas. Se, durante as aulas, o professor atentar aos códigos hipolinguísticos dos alunos, será possível observar as diferenças e atribuir-lhes sentido com o intuito de compreender e atender às suas demandas específicas e coletivas (sede, necessidade de ir ao banheiro, de comer, de movimentar-se, de descansar, de ser abraçado, de levantar-se da carteira, de descontentamento com a atividade em execução etc.)

Como código linguístico entende-se a comunicação generalizada e produzida no contexto social, no qual convergem várias culturas. O diário de classe, o sinal, a fila para a merenda, os uniformes que distinguem os membros de uma comunidade educativa são exemplos de códigos pragmáticos socializados no contexto escolar. Já o código hiperlinguístico compreende a linguagem verbal específica dos alunos, suas danças, músicas, formas de organização com seus rituais, gestos e adereços que são signos culturais expressos em seus corpos. Contudo, a interpretação desses códigos restringe-se ao que dispõem de certos elementos próprios obtidos no contato com determinada cultura. Isso explica não só a dificuldade para compreender as ideias e motivações características de cada grupo representativo da cultura juvenil, como também, em alguns casos, o preconceito em relação a suas posturas, falas, ideias e signos corporais.

O corpo, nesse sentido, é entendido como suporte de uma linguagem que manifesta a cultura na qual está inserido. Por nascer, viver e relacionar-se em contextos históricos e culturais específicos, o corpo é depositário da cultura da qual participa. Dele emanam informações e códigos que se tornam visíveis ou invisíveis aos membros pertencentes a outras culturas. Uma das marcas que a cultura deixa no corpo, por exemplo, pode ser verificada no modo como cada grupo social cuida da sua saúde corpórea: há grupos que enaltecem corpos opulentos e grandes, enquanto outros já preferem os magros, esbeltos ou "sarados". Em certas ocasiões, é possível identificar a vida cultural e suas marcas por meio das práticas sociais que lidam com o corpo morto sem vida, dado que os rituais fúnebres diferenciam-se em cada crença cultural. Os traços culturais podem ser identificados até pela ausência do corpo, pelo modo como ele é cultuado e venerado após a morte. O corpo constitui-se de complexidades que o tornam um microcosmo a ser interpretado pelos códigos hipolinguísticos, os quais guardam sua história expressa nas rugas, na perda de massa muscular, no branqueamento dos cabelos e nos códigos hiperlinguísticos, tais como: perfurações culturais (brincos, *piercings* etc.), tatuagens e escarificações, diversas formas de maquiagem, tingimento de cabelo das mais variadas tonalidades, cores do vestuário, práticas determinadas como masculinas ou femininas, infantis ou juvenis, de adultos ou idosos.

O corpo, texto da cultura, apresenta códigos de comunicação que o forjam dentro de uma moldura. Assim, por estar em um mundo simbólico, quando o homem se comunica, usa um vasto repertório de textos, tencionando possibilitar a compreensão de sua intencionalidade. O mesmo ocorre na expressão corporal: o corpo e todos os textos e códigos culturais nele impregnados são utilizados durante o processo comunicativo. Como foi dito, os gestos, esses recursos da comunicação corporal, são os textos do corpo, portanto, são uma forma específica de linguagem, a linguagem corporal. Esses gestos, textos que ao longo da vida vão consolidando um estilo pessoal de ser, uma corporeidade, não são meros acessórios, mas partes constituintes da identidade cultural do sujeito e do seu grupo. São moldados pela mediação que se estabelece entre o sujeito e a cultura. Compreender os seres humanos é decodificar textos culturais presentes nos seus corpos e gestos.

CAPÍTULO 1   Pedagogia da Cultura Corporal: Motricidade, Cultura e Linguagem

Tomando esses conceitos como referência, será possível interpretar os textos que se inserem no corpo de um ex-atleta de alto rendimento? É possível perceber sua trajetória, o esforço e a dedicação que horas diárias de treinamento lhe causaram? Ao observar uma propaganda em que se valorizam corpos esbeltos e bronzeados, o consumidor sofrerá alguma espécie de influência pelas imagens? Que leitura se faz diante dos códigos presentes em uma luta greco-romana, na qual dois oponentes tentam encostar as costas um do outro no chão, para obterem a vitória? Como é interpretada a gestualidade partilhada entre jogadores de uma equipe de voleibol sem a ajuda do comentarista esportivo?

Como se pode notar, compreender o gesto torna-se um empreendimento cada vez mais complexo, à medida que sua diversidade, dada a plasticidade que a caracteriza, encontra-se sempre em transformação. Apesar do corpo se comunicar pela sua gestualidade, a interpretação coerente com a comunicação dependerá de um interlocutor que possua o mesmo repertório cultural gestual, caso contrário, essa mediação pode gerar transtornos e equívocos. A leitura que faz o professor da gestualidade e corporeidade de representantes da cultura juvenil, por exemplo, pode estar enviesada em detrimento do seu provável não pertencimento à cultura juvenil e, em decorrência, sua dificuldade de compreender adequadamente os significados nela implícitos. O mesmo acontece quando alguém que não compartilha dos mesmos códigos se depara com danças urbanas representadas por grupos periféricos ou danças rurais, regionais e internacionais. Nesses casos, a comunicação fica alterada, deturpada. Floresce daí a sensação do agressivo, do exótico, do turístico, e muitas vezes criam-se estereótipos de povos atrasados ou grupos desviados psicologicamente.

Os textos presentes na gestualidade podem fornecer variadas informações das representações que os membros dos diversos grupos, inclusive da comunidade estudantil, têm a respeito do mundo. Em uma aula em que tematizarmos danças urbanas, por exemplo, podemos "ler" como representantes de certa cultura juvenil como os "funkeiros" percebem representantes de outras, como os "pagodeiros". A questão de gênero pode ser "lida" nas práticas esportivas em que os meninos não aceitam a presença das meninas. A questão da violência social explicitada, por exemplo, em uma aula de jiu-jítsu, na qual seus representantes expressam seus pontos de vista em relação ao processo de aculturação dessa arte marcial e as representações de estética por parte das meninas e dos meninos que frequentam aulas em academias de ginástica.

Essas assertivas provocam o questionamento de algumas propostas curriculares da educação física. Naquelas em que há o predomínio e a imposição da apropriação de determinada linguagem corporal já elaborada e padronizada, os professores terminam por não se preocupar em fazer uma leitura do repertório gestual, isto é, da linguagem corporal ou do patrimônio da cultura corporal do grupo social com o qual trabalham. Desse modo, a aula constitui-se da incorporação gestual produzida por um grupo dominante e considerada pela cultura hegemônica como ideal. Consequentemente, o que se vê é o afastamento da coletividade expresso em formas de resistência, ora passivas, como não se empenhar nas costumeiras e fatigantes voltas de aquecimento, pedir licença ao professor de educação física para estudar para a prova de outra disciplina, apresentar atestado médico ou vir sem uniforme para não fazer a aula, ora transgressoras, como pichações e depredações do patrimônio público, a recusa para fazer a atividade ou a aula e enfrentar o professor com ofensas ao seu trabalho, provocações efetuadas nas filas de espera do exercício de fundamento esportivo, os diversos xingamentos e brigas nos jogos das aulas, do recreio e interescolares. Além disso, quando se nega a inserção de outras manifestações culturais na escola, como o taco, o forró, o jiu-jítsu, o futebol de botão, a dança do ventre etc., constrói-se um currículo oculto que propicia a desqualificação da produção cultural de outros grupos.

Interpretar o corpo e suas gestualidades como textos da cultura nesse contexto reforça os aspectos hiperlinguísticos sem, no entanto, esquecer que os demais códigos não se anulam. A interpretação da *segunda realidade* da qual fala Bystrina pode facilitar a compreensão da linguagem corporal expressa nos gestos.

Visto que, antes de tudo, alerta-se para o fato de que todo fenômeno cultural é um fenômeno de comunicação e, como tal, somente comunica porque se estrutura como prática de produção de linguagem. Se o gesto é um código de comunicação, logo, é uma forma de linguagem.

Gesto e linguagem

Na teorização da linguagem, os elementos que constituem uma língua, os signos, não fazem sentido isoladamente. O signo representa algo, seu objeto. O signo não é o objeto, apenas está no lugar dele. Não há nada nele que o remeta a seu aspecto material. Os signos são construções arbitrárias do mundo cultural. Portanto, o signo é a representação de alguma coisa para alguém e está relacionado, ao mesmo tempo, com outro signo representado na mente de um intérprete. O que isso indica é que o signo faz parte do mundo exterior e é internalizado pelo ser humano, à medida que ele vai aprendendo os signos sociais (sistema simbólico/linguagem). Portanto, tornar-se humano é, desde o nascimento, inserir-se nas convenções arbitrárias, socialmente aceitas e partilhadas das regras da linguagem.

Se o gesto é uma forma de linguagem, então, ele é um signo. O signo apresenta dois lados indissociáveis e complementares: o significado – o conceito dado ao signo – e o significante – a imagem que fazemos dele. Essas premissas conduzem à ideia de que é o sistema linguístico que faz a mediação das representações humanas sobre o mundo material. É por meio da representação que os homens e mulheres decodificam, interpretam e conseguem atribuir sentido e operar com as coisas do mundo. Dentre a gestualidade presente na prática do voleibol, verifica-se que o signo "toque" apresenta um significado referente ao ato de passar a bola com as duas mãos e ao mesmo tempo é identificado pela sua imagem gestual, isto é, seu significante, que, mediante algumas observações, foi internalizado mentalmente.

A teorização da linguagem teve um grande salto com a noção de estrutura desenvolvida por Saussure, em 1917. O linguista escreve que a linguagem não é mera descrição das coisas, mas que qualquer alteração dos elementos que constituem a estrutura da língua, por menor que seja, leva à alteração de todos os demais elementos do sistema. Na estrutura da linguagem, cada elemento da comunicação – o signo – só adquire valor pela sua função de oposição a todos os outros signos. Cada signo não é o que é pela sua identidade, mas pela sua diferença em relação a outros signos. Eles só têm valor em uma cadeia infinita de signos que são diferentes dele.

Ampliando a discussão, é possível afirmar que não se reconhece um signo pela sua identidade, mas pela sua diferença. Pode-se dizer o que é uma bola a partir do momento que se nota que ela não é uma faca, uma cadeira, um guarda-chuva etc. A identidade do signo carrega consigo a diferença. Cumpre realçar que o modelo teórico que descreve a linguagem verbal como sistema estrutural é transferido para o campo de qualquer outra manifestação de linguagem não verbal, como a corporal, por exemplo.

Aqui cabe uma ressalva. Segundo Santaella (2004), linguística, ou ciência da linguagem verbal oriunda dos estudos de Ferdinand de Saussure, nasce de um corte epistemológico dos pressupostos de Charles Peirce (1839-1914), fundador da semiótica ou ciência de toda e qualquer linguagem, a ciência geral dos signos.

Por volta dos anos 1950, com o crescente aumento do acesso aos meios de comunicação de massa, a semiótica, a partir de autores como Roland Barthes, passou a investigar os signos que não têm relação puramente arbitrária entre seu significado e seu significante, como estabeleceu Saussure. Nessa lógica, encontram-se as variadas linguagens veiculadas por sistemas analógicos de significação (fotos, cinemas, rádio e outras imagens). Para Silva (2001), Barthes passou do modelo teórico estruturalista inicial da semiótica, no qual descrevia o sistema de significação como uma estrutura rígida e determinada pelo seu modo de produção cultural, para a abertura de uma fase pós-estruturalista, ao anunciar que a significação podia ser "escrevível" em alguns casos, ao invés de simplesmente "legível". Isso quer dizer que o texto "legível" só permite uma leitura unívoca, fechada. O texto e sua significação estariam definitivamente fixados pela estrutura da sua construção.

Retomando o exemplo do "toque" no voleibol, o signo "toque" é identificado apenas porque não é uma manchete, uma cortada, um saque. A execução do signo "toque", se realizada de maneira diferente da que o identifica, tem por reação negar sua execução, sua qualidade e, por conseguinte, iniciar a correção, tentando adequá-lo à identidade do signo "toque" construída e validada culturalmente em determinado contexto histórico e cultural, comumente advinda de algum grupo com maior poder simbólico que legitimou a sua forma de fazer "toque", isto é, sua linguagem corporal e, nesse caso específico, os atletas de voleibol.

Enquanto, para a concepção estruturalista, o "toque" é apenas "legível", não sendo possível modificá-lo, o pós-estruturalismo abre caminho para a indeterminação, a mudança e a fluidez. O sujeito da interpretação pode produzir um significado no ato da compreensão da representação externa diferente do significado pensado pelo autor da representação. Desse modo, o produtor e o leitor seriam "autores" da obra. Assim, Barthes abre caminho para a produtividade. Voltando ao voleibol, no pós-estruturalismo, novas formas de "toque" podem ser "escritas" e produzidas, o que amplia enormemente o campo de atuação e a prática pedagógica da educação física, pois, nessa ótica, os alunos podem "tocar" ao seu modo, desde que os colegas consigam interagir/interpretar o gesto, sem que isso se constitua em erro. Na prática educativa vivenciada pelo Projeto Futebol Soçaite, por exemplo, os alunos puderam "escrever" o seu modo de praticar o futebol soçaite.

Derrida (1991) amplia a ideia de Barthes, ao romper com a formulação de Saussure de que não há nada que ligue um significado a um significante, a não ser a imposição cultural. Ele afirma que o significado não é anterior nem independente da sua marca visível, o significante. Isso significa dizer que ele só está presente no significante como traço e como marca, tanto do que ele é como do que não é (Silva, 2001). O significado do signo não é uma essência, algo que nasceu com ele. Em suas análises, Derrida introduz a incerteza no processo de significação, pois, para ele, esse processo nunca é uma operação de correspondência (entre significado e significante), mas sempre um processo de diferenciação. Ou seja, não existe uma cadeia diferencial de significados e outra de significantes. O significado depende da cadeia diferencial de significantes. Essa afirmação possibilita dizer que a representação de alguma "coisa" não se dá por correspondência com essa "coisa", mas por representá-la por meio de um significante diferente de outras "coisas". Por exemplo, as representações que se fazem dos "negros", como grupo étnico, são dependentes de sua posição diferenciada em uma cadeia de significante, que inclui, por exemplo, as representações dos "brancos", e o inverso também é verdadeiro. Tal construção simbólica baseada nas diferenças explica as representações positivas ou negativas elaboradas a respeito de qualquer grupo social ou sobre suas formas de jogar, dançar, vestir-se, falar etc.

    O significado de um signo, aquilo que é supostamente representado, não está presente no significante (imagem). Por conta disso, a representação do signo nunca é estável, determinada. Ela passa a ser "escrevível". Assim, a representação passa a ter um caráter de política de identidade, pois o autor da representação, ao escolher o que torna presente na representação, exclui tudo que não quer que nela caiba. É o que acontece quando se tenta criar uma representação universal do ser humano, de movimento, de formas de jogar, de grupo de jovens, de professores etc. Tudo o que for agente estranho às características selecionadas para a representação pode ser considerado deformação, problema, errado. Ao ampliar essa discussão para qualquer outro signo cultural, nota-se, por exemplo, que, em muitas escolas, a identidade das aulas de educação física é representada unicamente como aula de práticas corporais, local e momento para realização de brincadeiras e esportes, em suma, de atividades físicas. Qualquer aula – representação – de educação física que não apresente essas

CAPÍTULO 1 Pedagogia da Cultura Corporal: Motricidade, Cultura e Linguagem

características será negada e será entendida como diferente. Em função disso, se o professor pretende desenvolver um tema específico, fazendo uso do quadro-negro ou de um cartaz, pode ouvir dos alunos comentários críticos sobre sua proposta. Nesse caso específico, o professor precisa repensar não o que está fazendo naquele momento, mas, sim, quais foram as práticas desenvolvidas que levaram os alunos a elaborar as representações das aulas de educação física como limitadas às práticas de jogos, esportes, ginásticas etc.

Na análise cultural, as representações culturais atribuem sentidos, dado que não representam os objetos reais, mas criam efeitos de verdade a respeito das explicações sobre os objetos reais. Cada grupo social utiliza a representação para definir a sua identidade e a dos outros, fazendo-o pelo intermédio de disputas de poder inscritas na representação. As representações "universais" são as apresentadas pelos grupos dominantes no jogo do poder cultural. Dessa maneira, a representação pertencente a outra cultura, caso distinga da cultura dominante, receberá menor carga valorativa. Essa representação do Outro[3] constitui-se por uma mínima seleção de características, cujo objetivo é apenas lidar com sua presença na esfera pública, sem conhecê-lo de fato, sem ter de enfrentar um contato mais intenso e conhecer seus pormenores, sutilezas etc. Trata-se de uma representação estática que submete o Outro à cultura autora da representação.

Para Silva (2001), o olhar esquadrinha o campo das coisas visíveis. Entre o olhar e as coisas e entre elas está a linguagem, a representação. O autor entende que, se ocorre imobilidade do objeto

---

[3] A apresentação do Outro em letra maiúscula refere-se aos pressupostos de Lacan, quanto à formação da identidade e da subjetividade. Para Lacan, nossa primeira ideia de identidade acontece no estádio do espelho. Em rápidas palavras, nesse estádio, a criança, ainda sem maturidade para compreender seu esquema corporal, reconhece sua imagem refletida no espelho. Porém, esse reconhecimento é imparcial, pois se trata de algo que ao mesmo tempo somos e não somos. Em certa medida, essa imagem refletida é o olhar do Outro na constituição do sujeito que o remete a uma relação tensa com o diferente, logo, com a sua identidade, que influirá na percepção de si mesmo.

perante o olhar, o objeto torna-se apenas objeto do consumo ao sabor da ação do sujeito, mas, quando ele é móvel e manifesta a sua vida, também atua. Essa mobilidade do objeto constitui a forma pela qual as práticas sociais se transformam para resistirem e sobreviverem às forças de silenciamento e deturpação. Assim, a cultura se transforma em campo de luta pela significação de determinados grupos e pelo direito de serem representados no âmbito social. As transformações que garantirão a sobrevivência da cultura dão-se, sobretudo, pelo diálogo. Assim é que, por exemplo, o diálogo entre um aluno e uma representação de estética do corpo por meio da compreensão do processo de construção dessa representação pode transformar o aluno e o sentido da representação. Retomando o projeto do "futebol soçaite", foi por meio do diálogo entre os alunos, entre eles e o professor, entre todos e o objeto – soçaite – que tanto a representação como a identidade da manifestação cultural foram transformadas.

Implicações para prática educativa

Obviamente, a teorização da educação física, componente que tematiza as práticas da cultura corporal explicitada nas páginas anteriores, refletirá sobremaneira na organização da tarefa educativa, considerando seu potencial para a construção de uma experiência escolar geradora de transformações sociais. De início, convém repensar a forma como comumente ocorre a socialização dos saberes e a quem pertencem esses saberes divulgados na prática pedagógica do componente. Tal socialização pode acontecer de forma democrática (no melhor sentido do termo), a partir da potencialização da voz e dos gestos dos mais diversos grupos e subgrupos que frequentam e compõem a cultura escolar. A consideração de que as manifestações a serem estudadas na educação física visam à comunicação de ideias, princípios, valores, crenças etc. permitirá que cada prática corporal seja confrontada, discutida e elucidada, a fim de que cada educando compreenda seu contexto de formação, a realidade na qual aquela manifestação da linguagem corporal está inserida e o que permitiu

CAPÍTULO 1   Pedagogia da Cultura Corporal: Motricidade, Cultura e Linguagem

ou dificultou seu surgimento e continuidade. Com isso, possibilita-se ao educando a participação de um espaço pedagógico (a aula de educação física) privilegiado de produção de cultura, onde os sentimentos, a criatividade, o lúdico e a corporeidade não fiquem do lado de fora, como costumeiramente se observa nos cantos e recantos escolares, nos quais os alunos dançam, recriam jogos e brincadeiras e conversam a respeito de temas "censurados" no âmbito escolar. Além disso, proporcionam-se condições para a adoção de posturas críticas perante as práticas da cultura corporal e das infinitas relações de poder–saber da sociedade nelas refletidas.

Com certeza, tal proposta implica o entendimento do contexto sociopolítico-cultural e econômico que condiciona e determina as relações pedagógicas, pois a realidade impõe limites e possibilidades enfrentados por seus cidadãos. Isso não quer dizer que basta aos sujeitos envolvidos nessa relação compreenderem ou conscientizarem-se da sua situação no mundo para que as mudanças ocorram. A perspectiva educacional aqui defendida compreende a pedagogia como prática social articulada ao contexto de vida cotidiana e em constante interface com as demais práticas sociais. A educação é, portanto, um ato dinâmico e permanente de conhecimento centrado na descoberta, análise e transformação da realidade pelos seus atores.

Nessa ótica, a experiência dos escolares com a educação física vai conduzi-los à percepção das práticas corporais como patrimônio cultural de um povo, proporcionando-lhes, antes de tudo, condições para compreender, reconhecer e respeitar esse repertório. Nessa perspectiva, cabe à educação física e aos educadores tomarem consciência das relações embutidas nas manifestações da cultura corporal para nelas identificarem os traços e as representações advindas dos diversos grupos que compõem a sociedade.

Para melhor compreensão das manifestações da cultura corporal como formas de linguagem tematizadas na educação física, cabe o apoio nas categorias de análise elaboradas por Peirce. Para o autor, o ser humano deve desenvolver três faculdades para a observação dos fenômenos que constituem a experiência humana. São elas: a capacidade contemplativa, isto é, abrir o espírito para as coisas do mundo que estão diante dos olhos; saber distinguir diferenças nessas observações e, por fim, ser capaz de generalizar as observações em classes ou categorias abrangentes[4] (Santaella, 2004).

Mediante essas categorias e com base nas reflexões anteriores, os educadores da educação física podem orientar suas ações educativas e os processos de tomada de decisões visando à formação crítica dos sujeitos da educação.

Assim, é possível pensar em ações pedagógicas a partir das práticas sociais dos diversos grupos culturais que chegam à escola, para, pela mediação, socialização e ampliação de saberes, proporcionar-lhes melhor compreensão das teias que envolvem os produtos sociais, suas condições e modos de produção, uma vez que esse fato é absolutamente necessário para a emancipação e transformação social.

Como princípio da justiça social, a dignidade deve ser a mola propulsora das transformações sociais almejadas no projeto educativo. Dar voz aos grupos silenciados, às minorias subjugadas e às identidades historicamente impedidas de entrarem na escola pode contribuir significativamente para a construção de um caminho para a luta pela representação, conforme destacado anteriormente. Assim, o espaço de socialização escolar, público por natureza, pode se tornar um espaço do diálogo cultural, pois a diversidade de saberes produzida por diferentes grupos entra em contato com os ofertados pela instituição ou trazidos por representantes de outros grupos culturais. Diante da mediação e do diálogo, os diversos grupos podem entrar em contato com os problemas subjacentes a cada cultura, e então construir um projeto coletivo, ou seja, a participação cidadã solidária e cooperativa.

A escola é uma das instituições responsáveis pela socialização do patrimônio cultural, isto é, responsável pela formação e mediação simbólica que configura as interações humanas. Como consequência, a cultura é o conteúdo substancial da educação, sua fonte e sua

---

[4] Pode-se observar claramente o desenrolar do desenvolvimento dessas capacidades no relato do futebol soçaite.

CAPÍTULO 1 Pedagogia da Cultura Corporal: Motricidade, Cultura e Linguagem

justificativa. Uma teoria cultural da educação vê a pedagogia e o currículo e a própria educação como campos de luta e conflito simbólicos, arenas contestadas na busca da imposição de significados e de hegemonia cultural (Silva, 2005).

A linguagem corporal é um dos aspectos da cultura e, para problematizar suas temáticas, é preciso ter claro que não basta eleger os saberes produzidos pelos diversos grupos sociais: o desafio se apresenta na leitura crítica da própria prática e da realidade, isto é, dos seus contextos ideológicos de produção, manutenção, transformação etc. Para tanto, o educador deve permanecer atento aos processos hegemônicos que insistem em permear o fazer social.

Exemplificando, ao tematizar o voleibol no currículo escolar, parte-se de uma tarefa complexa, global e completa, em semelhança ao que acontece nas atividades autênticas da vida social. Ou seja, segundo as categorias de Peirce, disponibiliza-se aos alunos o momento da contemplação do jogo para, diante das suas descobertas advindas da situação, elaborar atividades didáticas que podem prever situações de estudo e análise histórica da modalidade, as razões das suas transformações, a compreensão do seu significado no contexto social de origem, as identidades sociais nela presentes e, finalmente, o convite para descobrir e sugerir as próprias formas de jogar voleibol, pois, em consideração ao que foi dito anteriormente, a prática formal desse esporte é produto de outro grupo social cujos praticantes em pouco ou nada se assemelham ao público escolar. Nessa direção, outros textos verbais e não verbais, como narrativas, filmes, fotos, reportagens etc., podem ser utilizados para proporcionar uma leitura ampla dos contextos culturais tematizados.[5]

---

[5] Cabe aqui uma ressalva. O professor deve estar atento à possibilidade da articulação dessas linguagens com os saberes dos alunos, pois, em muitos casos, eles não disponibilizam conhecimentos necessários para obter sucesso nessa interpretação. Como um dos objetivos da escolarização é garantir aprendizagem a todos os seus sujeitos, ressalta-se a importância do critério de seleção dos gêneros textuais e da sua complexidade por parte do docente. Além disso, o responsável deve se apropriar das técnicas necessárias para mediar o processo.

O conhecer humano é um tipo de atividade que implica uma relação e, como tal, envolve três elementos: o sujeito que conhece, a coisa a conhecer e o elemento mediador que torna possível o conhecimento.

O conhecimento humano (ideias, representações etc.) do mundo e dele mesmo, tal como se apresenta na linguagem da vida real, é patrimônio acumulado pelos homens ao longo da sua história. Ele não emerge espontaneamente nos indivíduos como um produto do seu desenvolvimento biológico ou simples resultado de respostas comportamentais aos estímulos do meio e progressivamente aprendidas, fato que nega a escola e a educação física como lócus de aprendizagem de técnicas que em nada contribuem para a construção desse conhecimento.

Pelo contrário, o conhecimento não existe inicialmente no indivíduo: ele está na sociedade em forma de práticas sociais, culturais. É aqui que cada um vai, pouco a pouco, descobrindo o que há muito tempo já foi descoberto ou elaborado por outros, tornando seu o que já faz parte da existência social. Ao considerar o grande potencial da linguagem, tanto na esfera comunicativa como na representativa do pensamento, haverá a constatação de que, seguida da apropriação do conhecimento, virá a constituição do sujeito e, consequentemente, a reconstrução da linguagem e dele próprio, por meio de um infinito processo dialético.

Como ilustração, suponhamos que determinada escola esteja inserida em uma comunidade com alguns grupos envolvidos com a "dança de rua". Ao tematizar junto ao 9º ano do Ensino Fundamental essa prática corporal, os alunos podem, em contato direto com ela, dado o relato das suas experiências, ser convidados a realizar uma leitura da manifestação por meio de questões, como: para vocês, o que ela expressa? O que sentem quando a assistem ou dançam? Alguém conhece outras formas? Com outras músicas? etc. Feito isso, o professor e os alunos iniciarão uma pesquisa (com suportes textuais, reportagens, entrevistas), com o objetivo de desvelar aquela manifestação – sua história, suas intenções e suas modificações

CAPÍTULO 1 Pedagogia da Cultura Corporal: Motricidade, Cultura e Linguagem

com o passar do tempo. A partir daí, os alunos podem ser convidados a expressar seus sentimentos/saberes sobre determinado aspecto da vida, por meio de danças por eles elaboradas. O produto final do projeto será, por exemplo, uma apresentação para as outras turmas, envolvendo a dramatização do cotidiano pela dança.

Essa sequência didática permitirá a elaboração de leituras e interpretações textuais das várias danças e seus diversos significados, bem como seu aprofundamento e contextualização sócio-histórica. Os alunos podem ressignificar essas práticas corporais para seu grupo, sua escola ou quaisquer outras dimensões da vida, tomando como base a sua realidade e a apropriação significativa do conteúdo, mas ampliando-a e conhecendo outras dimensões daqueles conteúdos. Acredita-se que tal ação proporcionará um entendimento crítico e ampliado do contexto social. Dessa forma, o que se busca é a maior compreensão daquela "linguagem corporal" não só adequada ao seu espaço social de produção, mas também do modo de se apropriar dela.

CAPÍTULO 2
Política, economia e sociedade: reflexos sobre o projeto educativo da educação física[1]

Para compreender o contexto político, econômico e social que o país imergiu na última década, e seus reflexos sobre a elaboração de propostas curriculares para a educação física, é necessário esclarecer o conceito de neoliberalismo e suas intervenções nas políticas públicas do Estado, bem como no campo educacional.

Vários são os estudiosos que muito nos têm ajudado a desmontar o modo como o pensamento neoliberal influenciou o contexto educacional. De uma ou outra forma, eles nos ajudam a desvelar as estratégias usadas pelo neoliberalismo para impor-se como bloco hegemônico dominante. Apple (2003), profundamente influenciado pela visão de Hall (1998), destaca que a compreensão do modelo neoliberal passa, entre outras coisas, por uma análise cuidadosa em torno das políticas instrumentalizadas, quer por Ronald Reagan, nos Estados Unidos, quer por Margaret Thatcher, no Reino Unido, no início dos anos 1980 – políticas estas que viriam posteriormente a ser continuadas por Tony Blair e Bill Clinton. Usufruindo de um contexto

---
[1] Este capítulo, escrito em coautoria com Lilian Cristina Gramorelli e Maria Emília de Lima, é fruto de investigações realizadas no âmbito do Grupo de Pesquisas em Educação Física Escolar da FEUSP.

internacional e nacional "privilegiado", a um e a outro se deve a gradual implementação das políticas econômicas e culturais. Esse é um dos alicerces conceituais em que muitos analistas ancoram sua postura crítica em torno do movimento neoliberal, relatando-o como um poderoso bloco de/no poder, que muito tem contribuído não propriamente para a crise em vários setores da sociedade, com especial destaque para a educação, mas sobretudo para a colocação do Estado como réu dessa crise.

Em função disso, foram recuperados alguns apontamentos que explicitam a temática, primeiro em uma perspectiva *macro*, definindo o neoliberalismo e suas ideologias, e, posteriormente, em uma perspectiva *micro*, do campo educacional brasileiro.

O termo neoliberalismo, segundo Therborn (1995), pode ser entendido como um conjunto particular de receitas econômicas e programas políticos que tiveram seu início nos anos 1970, inspirados nas obras de Milton Friedman e Friedrich Hayek, e que desencadearam modificações nas relações institucionais entre o *mercado* e o *Estado* e entre as *empresas* e os *mercados*, definindo o processo que refletiu uma transformação estrutural na história do capitalismo. Conforme Frei Betto (2005), o neoliberalismo é o novo caráter do velho capitalismo, pois este aponta para uma economia regida pela mão invisível do mercado. O capitalismo transforma tudo em mercadoria, bens e serviços, incluindo a força de trabalho, e é reforçado pelo neoliberalismo pela mercantilização dos serviços essenciais, como os sistemas de saúde e educação, fornecimento de água e energia, sem poupar os bens simbólicos.

Como se pode notar, a base teórica e ideológica do neoliberalismo defende que o mercado é o único instrumento eficaz para regular os interesses e as relações sociais, e o setor público (o Estado) é o principal responsável pela crise atual. Os seus representantes procuram mostrar que o Estado é ineficiente e, por outro lado, o mercado e o privado são sinônimos de eficiência, qualidade e equidade.[2]

---

[2] Nesse contexto, equidade é entendida como a responsabilidade de a escola ter de ensinar qualquer aluno, independentemente do seu nível socioeconômico (Freitas, 2004).

Além de o Estado ser assistencialista e responsável pela crise, os neoliberais apontam outros culpados: os sindicatos. A existência de sindicatos fortes, nacionais e organizados em função de grandes setores de atividades, os quais defendem um interesse geral e a construção de direitos sociais, é, na perspectiva neoliberal, um entrave ao desenvolvimento de mecanismos de competição individual que garantam o progresso social.

Na sua explicação da crise, os neoliberais apontam a ineficácia do Estado no gerenciamento das políticas públicas; sendo assim, afirmam que a democracia é um sistema político que permite aos indivíduos desenvolverem uma capacidade de livre escolha, posicionando o mercado como o local que permite e potencializa essa capacidade individual. Segundo tais premissas, o êxito é alcançado somente com o mérito individual, e é o esforço de cada pessoa que a consagra como vencedora, empreendedora.

No campo educativo, Gentili (1996) afirma a necessidade de compreensão do neoliberalismo como um complexo processo de construção hegemônica, por meio de estratégias culturais que promovem novas construções de significados com reformas concretas nos aspectos econômico, político, jurídico e educacional. Portanto, o discurso neoliberal contém proposições políticas que deviam reorientar também as reformas educacionais nas sociedades contemporâneas, já que, segundo esse viés, os sistemas educacionais enfrentam uma grande crise de eficiência.

> A crise das instituições escolares é produto, segundo esse enfoque, da expansão desordenada e "anárquica" que o sistema educacional vem sofrendo nos últimos anos. Trata-se fundamentalmente de uma crise de qualidade decorrente da improdutividade que caracteriza as práticas pedagógicas e a gestão administrativa da grande maioria dos estabelecimentos escolares (p. 4).

Portanto, no discurso neoliberal, está posto o caráter ineficiente do Estado para a administração das políticas públicas educacionais cuja centralização e intervenção estatal, o chamado Estado de Bem-estar, só dificulta a qualificação do sistema educativo. Apresenta-se, então, um novo enfoque gerencial que busca a qualidade desse sistema, eficiente e produtivo, que obrigatoriamente atravessa a qualificação dos professores, das escolas e a melhor distribuição dos recursos internos. Para o neoliberalismo, os sistemas educacionais enfrentam uma crise, não de democratização, mas uma *crise de gestão*, pois o sistema é mal administrado, e isso é o que possibilita o alto índice de analfabetismo funcional, a evasão escolar e a repetência.

Sendo assim, percebe-se que o discurso neoliberal tem a intenção de buscar uma qualidade total, conceito transposto do campo empresarial para o educacional, que regule a organização educacional com eficiência e produtividade, transferindo a educação da esfera política para a esfera de mercado. Silva (1996, p. 120) salienta que a concepção de "qualidade total é inapelavelmente particular, interessada e politicamente enviesada", e atende pelo nome de "Gerência da Qualidade Total", em que a educação é vista "a partir de uma ótica econômica, pragmática, gerencial e administrativa".

Para o neoliberalismo, a função social da escola passa a ser a transmissão de habilidades e competências ao aluno para que ele possa se instrumentalizar e se inserir competitivamente no mundo do trabalho. É a subordinação da escola às necessidades do mercado.

É preciso estabelecer mecanismos de controle e avaliação da *qualidade*, tanto do ponto de vista *macro* da educação – órgãos responsáveis pelas políticas públicas – como do ponto de vista *micro* – das instituições escolares. Na visão neoliberal, é necessário articular e subordinar a produção escolar às necessidades estabelecidas pelo mercado de trabalho.

Para Gentili (1996), o estado neoliberal criou estratégias que contribuem para a implementação da sua ideologia:

> O neoliberalismo formula um conceito específico de qualidade, decorrente das práticas empresariais e transferido, sem mediações, para o campo educacional. As instituições escolares devem ser pensadas e avaliadas (isto é, devem ser julgados seus resultados), como se fossem empresas produtivas. Produz-se

nelas um tipo específico de mercadoria (o conhecimento, o aluno escolarizado, o currículo) e, consequentemente, suas práticas devem estar submetidas aos mesmos critérios de avaliação que se aplicam em toda empresa dinâmica, eficiente e flexível. Se os sistemas de Total Quality Control (TQC) têm demonstrado um êxito comprovado no mundo dos negócios, deverão produzir os mesmos efeitos produtivos no campo educacional (p. 22).

Nessa mesma perspectiva, Silva (1996, p. 131) afirmou que a "Gerência da Qualidade Total" (GQT), ao se concentrar em técnicas e procedimentos de medição, em finalidades e objetivos educacionais estreita e comportalmente definidos, tende a fixar esses comportamentos e identidades hegemônicos como norma.

Portanto, as instituições de ensino devem ter seus resultados avaliados, o que torna necessários o desenvolvimento de mecanismos e políticas para aferi-los. É necessário saber se as escolas são empresas produtivas, pois o receituário neoliberal possui um conceito próprio e específico de qualidade.

Sendo assim, no contexto de transferência de conceitos do campo empresarial para o educacional instituído pelas ideias neoliberais, os sistemas de avaliação educacional no Brasil, Saeb (Sistema de Avaliação da Educação Básica), Enem (Exame Nacional do Ensino Médio), Saresp (Sistema de Avaliação de Rendimento Escolar do Estado de São Paulo), foram empregados como formas de conhecer os resultados educacionais do país. Segundo indicações do Instituto Nacional de Estudos e Pesquisas Educacionais Anísio Teixeira (Inep), o Sistema Nacional de Avaliação da Educação Básica (Saeb) acontece desde 1990 e é composto por dois processos distintos de avaliação: a Avaliação Nacional da Educação Básica (Aneb), que é sistêmica e aplicada a uma amostra aleatória de estudantes da rede pública e privada, e tem como objetivo a avaliação amostral de proficiência em matemática e língua portuguesa, no 5º e 9º anos do Ensino Fundamental e no 3º ano do Ensino Médio, e a Avaliação Nacional de Rendimento Escolar (Anresc), atualmente denominada "Prova Brasil", mais extensa e detalhada, que levantará informações sobre o desempenho em leitura e matemática de cada uma das escolas urbanas de 5º e 9º anos da rede pública brasileira.

Já o Exame Nacional do Ensino Médio (Enem) foi criado em 1998 pelo Instituto Nacional de Estudos e Pesquisas Educacionais Anísio Teixeira (Inep), do Ministério da Educação, e caracteriza-se por ser um exame individual e de caráter voluntário, oferecido anualmente aos concluintes e egressos do Ensino Médio, com o objetivo de possibilitar uma referência para que cada cidadão possa fazer sua autoavaliação com vistas às suas escolhas futuras, além de possibilitar ou complementar o processo seletivo de acesso ao ensino superior ou mercado de trabalho.

Existem ainda sistemas de avaliação instituídos em nível estadual, como o Sistema de Avaliação de Rendimento Escolar do Estado de São Paulo (Saresp) e o Sistema Mineiro de Avaliação da Educação Pública (Simave), sendo o primeiro criado em 1996 e o segundo, em 2000. O Saresp tem a intenção de verificar o rendimento escolar dos alunos nas habilidades em leitura e matemática nos diferentes ciclos da educação básica. O Simave acrescenta à avaliação conhecimentos relativos às ciências da natureza e humanas, para os 5º e 9º anos do Ensino Fundamental. Ambos os sistemas visam também, com os resultados, fornecer subsídios e estatísticas para identificar possíveis fatores que interferem nesse rendimento. No caso paulista, mais antigo e consolidado, participam as escolas urbanas e rurais do Estado de São Paulo, como também as escolas municipais e privadas que aderirem ao sistema. Alguns pontos interessantes nesse sistema de avaliação, segundo dados da Secretaria de Estado da Educação de São Paulo (SEE-SP), merecem ser ressaltados: a seleção dos conteúdos avaliados está fundamentada nas Propostas Curriculares da Coordenadoria de Estudos e Normas Pedagógicas (Cenp/SEE), nos Parâmetros Curriculares Nacionais, e no que de fato ocorre no sistema de ensino paulista; outro ponto é quanto à devolução dos resultados para as escolas, feita por meio de uma série de informes e relatórios a tempo de serem utilizados na etapa do planejamento escolar; os resultados também visam reorientar não só no plano macro, as polí-

CAPÍTULO 2 Política, Economia e Sociedade...

ticas públicas educacionais, como também no plano micro, no interior de cada instituição escolar, como aponta a SEE-SP, em sua página oficial na Internet.[3]

> Os resultados do Saresp constituem importantes instrumentos de monitoramento do ensino. Eles subsidiam a tomada de decisão e o estabelecimento de políticas públicas no campo da Educação no Estado de São Paulo. Reorientam também o trabalho pedagógico em termos de demandas de capacitação e de elaboração de planos e estratégias de ação, com vistas a melhorar as práticas pedagógicas em cada unidade escolar.
>
> O Saresp permite também que os alunos e suas respectivas famílias, ao tomar ciência dos aspectos positivos e negativos da escola, participem de forma mais efetiva de sua gestão, e que a sociedade civil obtenha elementos que lhe possibilitem melhor acompanhar, fiscalizar e demandar os serviços educacionais oferecidos à população.

Em nível internacional, o Brasil tem participado do denominado Programa Internacional de Avaliação de Alunos (Pisa), que tem a intenção de produzir indicadores sobre a efetividade dos sistemas educacionais, avaliando o desempenho de alunos na faixa dos 15 anos, idade em que se pressupõe o término da escolaridade básica na maioria dos países. Esse programa, que acontece a cada três anos, pretende avaliar até que ponto os alunos aprendem conhecimentos que lhes possibilitem participar efetivamente da sociedade.

No Brasil, a realização dessa avaliação é coordenada pelo Inep e estruturada da seguinte forma:

> A amostra do PISA é definida com base no Censo Escolar. O Inep define os estratos para a amostra e a seleção é feita pelo Consórcio Internacional que administra o PISA. A escolha dos alunos é realizada por meio eletrônico, de forma aleatória, sendo sorteados 25 alunos de cada uma das escolas selecionadas para participar da avaliação. Nas duas primeiras edições do PISA a amostra

---
[3] Disponível em: www.educacao.sp.gov.br. Acesso em 16 jan. 2007.

brasileira permitiu identificar apenas resultados por região, embora fosse desejável obter resultados por estado, possibilitando estudos comparativos com alguns resultados do SAEB.[4]

Com o intuito de tecermos relações com os conceitos e reflexões promovidos por este texto, é interessante retomarmos o parágrafo 1º, artigo 9º, da Lei nº 9.131/95, que indicou, como competência da Câmara da Educação Básica, alguns objetivos referentes à necessidade de diagnosticar os problemas e apontar soluções, bem como analisar e emitir pareceres sobre os resultados de avaliações dos diferentes níveis de ensino, perpassando a Educação Infantil, Ensino Fundamental, Educação Especial e Ensino Médio e Tecnológico. Sendo assim, a organização dos diversos sistemas de avaliação que demonstramos estaria embasado no texto dessa lei.

Não há como desvincular todos esses ideais de avaliação em educação da ideologia incutida no discurso neoliberal. Tudo leva a crer que a implementação da política de avaliação à educação no país relaciona-se com o modelo empresarial, pois o que se busca é a mensuração do rendimento. A respeito desse assunto, é importante que se pense sobre: o que avaliar? A instituição, os professores, os alunos, os conhecimentos produzidos? Será que esses sistemas unificadores são coerentes com o que se acredita em educação de qualidade ou estão mais próximos do conceito de qualidade advindo do campo empresarial, portanto do discurso neoliberal?

Na perspectiva de Apple (2003), o neoliberalismo mostra-se favorável à cultura centralizada, ao controle sobre o saber, ao currículo nacional, ou seja, procura defender a todo custo o retorno a uma cultura comum e às avaliações dos alunos feitas nacionalmente. O autor alerta que o sucesso do neoliberalismo encontra-se na dependência da implementação de uma série de políticas neoconservado-

---

[4] Instituto Nacional de Estudos e Pesquisas Educacionais "Anísio Teixeira" (Inep) Diretoria de Avaliação para Certificação de Competências. Disponível em: www.pisa.oecd.org.

ras no Estado, de modo que possa entrar em sintonia com as formas de pensar dos setores dominantes e que tal pensamento implica a garantia de estabelecimento de padrões educacionais a serem alcançados e de testes efetivos na mensuração da educação.

Visando à melhor compreensão das influências do neoliberalismo sobre a educação e a educação física, vale a pena aprofundar as questões relativas aos sistemas de avaliação e à constituição de um currículo comum. Na lógica neoliberal, a proposição de sistemas unificados de avaliação implica a padronização de objetivos e a instauração de um currículo comum. Qualquer avaliação elaborada em um contexto contaminado pela ideologia neoliberal se concentra em determinados objetivos, conteúdos ou, ao menos, determinadas concepções sobre as áreas do conhecimento até o momento, ao menos no Brasil, não obrigatórias.

Os atuais enfoques do sistema de avaliação caracterizam-no como um instrumento cuja função principal é medir a qualidade educacional do país, o que permitirá aos setores dominantes promover a socialização dos princípios neoliberais por meio de propostas curriculares neoliberais. Essa afirmação pode ser comprovada, por exemplo, com o uso dos dados estatísticos produzidos. São visíveis desde intervenções nas reformas das políticas educacionais brasileiras, delineadas pelo discurso neoliberal do Banco Mundial,[5] até sua utilização para subsidiar novas propostas e reorganizar as já existentes, de forma a resultar na efetiva qualificação das práticas educativas, e premiar escolas e professores cujos alunos atingiram determinados patamares quantitativos nas avaliações.

O poder simbólico e material do neoliberalismo sobre a política educacional é reforçado por uma série de agentes exteriores que, de certa forma, influenciam as políticas públicas dos países em de-

---

[5] Nos anos 1960, o Banco Mundial definiu os princípios e as diretrizes da sua política de crédito e de assistência à educação do Terceiro Mundo, enfatizando a necessidade de criar *padrões de eficiência nos sistemas de ensino* e na gestão de recursos financeiros (Fonseca, 1995).

senvolvimento. Sobre o tema, Caparroz (2003, p. 311) tem a dizer o seguinte:

> A implementação desta política educacional conta tanto com o financiamento quanto com as orientações e determinações de instituições supranacionais (Banco Mundial, Fundo Monetário Internacional – FMI, Organização das Nações Unidas para a Educação, a Ciência e a Cultura – Unesco), que vêm ditando regras mundiais, fundamentadas na concepção neoliberal, para as políticas educacionais, regras que devem ser seguidas e cumpridas para a obtenção de recursos para a área educacional.

Após os anos 1990, segundo Fonseca (1995, p. 171), o Banco Mundial coordenou a Conferência Internacional de Educação para Todos, realizada na Tailândia, e, a partir desse evento, passou a elaborar novas diretrizes políticas para as décadas futuras. Nesse encontro, foi produzida a Declaração de Nova Délhi, onde o então ministro da Educação, Murilo Híngel, assumiu o compromisso perante os grandes países capitalistas internacionais, assinando um acordo que fez surgir o primeiro plano estratégico para a educação nacional, denominado Plano Decenal de Educação (1993-2003) que, mesmo após esse período, norteou inúmeras ações políticas que foram incorporadas ao texto aprovado da Lei de Diretrizes e Bases nº 9.394/96.

O Plano Decenal de Educação para Todos (1993-2003) foi concebido como um conjunto de diretrizes políticas em contínuo processo de negociação, voltado para a recuperação do Ensino Fundamental, a partir do compromisso com a equidade e com o incremento da qualidade, e também com a constante avaliação dos sistemas escolares, visando ao seu contínuo aprimoramento. O documento, em consonância com o que estabelece a Constituição de 1988, afirma a necessidade e a obrigação de o Estado elaborar parâmetros claros no campo curricular, capazes de orientar as ações educativas do ensino obrigatório, de forma a adequá-lo aos ideais democráticos e à busca da melhoria da qualidade do ensino nas escolas brasileiras (Brasil, 1997, p. 11).

Pelo exposto, nota-se que a Lei de Diretrizes e Bases nº 9.394/96, apresentada pelo senador Darcy Ribeiro, que foi tão rapidamente aprovada, desconsiderando grande parte dos consensos construídos no debate democrático que constituiu o texto da LDB *cidadã*,[6] foi promulgada no período correspondente à vigência do Plano Decenal de Educação (1993-2003). É nesse cenário de âmbito macro, internacional, e micro, nacional, que a educação física foi elevada à condição de componente curricular, devendo, para tanto, inserir-se na proposta pedagógica da escola.

Ao analisar a educação física na perspectiva da LDB nº 9.394/96, Castellani Filho (1998) salientou que, finalmente pelos textos legais, essa área de conhecimento libertou-se da visão biológica. Dessa forma, afirmou: "Retira-se, com essa redação, a camisa de força que a aprisionava nos limites próprios ao famigerado eixo paradigmático da aptidão física, à medida que a vinculava tão somente à busca do desenvolvimento físico do aluno" (p. 22).

O Conselho Nacional de Educação, em 1998, normatizou a indicação de conteúdos mínimos obrigatórios das áreas de conhecimento, com a instituição das Diretrizes Curriculares Nacionais, objetivando assegurar nas propostas curriculares a formação básica comum nas escolas. Para isso, implementou uma Base Nacional Comum obrigatória e uma Parte Diversificada a todo sistema educacional do país.

É nesse contexto que, pela primeira vez na história educacional do Brasil, o Estado faz publicar um corpo de documentos que pretendem fornecer os subsídios necessários para o desenvolvimento dos currículos escolares, os denominados Parâmetros Curriculares Nacionais (Brasil, 1997, 1998 e 1999).

---

[6] O termo LDB cidadã foi utilizado para definir o primeiro texto de proposição para a nova Lei de Diretrizes e Bases da Educação Nacional, apresentado na Câmara dos Deputados inicialmente pelo deputado Octavio Elísio, dada a forma democrática que se estabeleceu no processo de construção desse texto.

Ao fazer uma análise do modo como se deu o processo de elaboração dos documentos, Caparroz (2003, p. 328) sustenta que:

> O Ministério da Educação não convocou ou convidou a área de educação física para participar da construção dos PCN e, sim, uma parcela desta, restrita ao meio acadêmico, que estava mais em consonância com os pressupostos epistemológicos que sustentaram os PCN e com o ideário neoliberal da política educacional.

E, se forem consideradas questões relacionadas às formas de apreensão e transposição dos documentos para as práticas escolares, Darido (2001, p. 28) dirá que:

> a intenção da Secretaria de Ensino Fundamental do MEC era a de que todos os professores da rede pública do país recebessem o conjunto de documentos, o que acabou não ocorrendo. Como os documentos foram enviados para as escolas, e não para as residências dos docentes, muitos acabaram ficando sem os exemplares. O número exato de professores que receberam os documentos não foi divulgado, de toda forma, muitos foram agraciados.

Pode-se perceber, na perspectiva desses dois autores, os pressupostos neoliberais da centralização da tomada de decisões sobre o que deve ser ensinado. Apesar disso, não há razões para acreditar que os pressupostos do currículo neoliberal advogados pelos documentos (desenvolvimento de competências e habilidades valorizadas no mercado de trabalho, por exemplo) tenham exercido grande influência sobre as atividades didáticas da educação física nas escolas brasileiras. A construção dos Parâmetros Curriculares Nacionais não contou com a participação efetiva dos professores; sendo assim, é possível que nem todos os conheçam ou compreendam suas intenções, pois a forma como foram elaborados e socializados não garante a concretização das suas proposições.

Há, no entanto, que ser considerada a seguinte hipótese: talvez muitos professores não tenham acesso direto aos documentos.

Contudo, a ideologia por eles veiculada encontra-se à disposição em inúmeros outros produtos culturais, aos quais os professores têm maior acesso: revistas de grande circulação, como a Nova Escola, a presença marcante nas bibliografias tanto dos concursos públicos para ingresso nos quadros do magistério como nas disciplinas pedagógicas dos cursos de formação inicial, cursos de formação contínua promovidos por diversas instituições, ações formativas, implementadas pelas secretarias estaduais e municipais, livros didáticos e paradidáticos, desenvolvidos com os pressupostos dos documentos etc. Vale recordar que, de certa forma, no meio escolar passou a ser sinal de *status* pedagógico a menção aos Parâmetros Curriculares Nacionais. Tal contexto neoliberal da educação termina por exercer grande influência sobre o corpo docente e, nesse ponto, Caparroz (2003, p. 327) menciona os riscos de tal socialização a conta-gotas:

> (...) que condições o professorado tem para se apropriar e dominar criticamente o que é produzido academicamente? Como ele se relaciona com esta produção e com as orientações normativo-curriculares para construir sua autoridade e autoria docente? O professorado tem que grau de autonomia (ou é submisso) em relação a estas?

É bem interessante ressaltar que a promulgação da Lei de Diretrizes e Bases nº 9.394/96, dos Parâmetros Curriculares Nacionais e do novo contexto político e educacional influenciou grandemente a educação física e o seu papel na escola. De atividade complementar fora do período e com objetivos pedagógicos que se afastavam das demais áreas, passou, lentamente, a uma nova condição: componente curricular obrigatório cujos objetivos, conteúdos e avaliação passaram a fazer parte do debate educacional mais amplo, ou seja, novas preocupações em relação à ação educativa da educação física surgiram, o que possibilitou aos professores, por exemplo, maior participação coletiva na escola e uma crescente integração ao movimento pedagógico proposto para o cotidiano escolar.

A educação física como parte do projeto político-pedagógico

As alterações advindas foram muito bem-aceitas pelos educadores mais envolvidos com o movimento de transformação da prática pedagógica do componente, pois, afinal, já incomodava a grande parcela de profissionais da área o fato de a educação física não se aproximar das discussões mais amplas da educação, tampouco do enfrentamento, reflexão e encaminhamento dos problemas específicos de uma unidade escolar. Educadores mais atentos já não concebem a prática educativa do componente desarticulada das finalidades e objetivos educacionais da instituição escolar.

Como medidas necessárias para isso, Gadotti (2000) e Padilha (2004) visualizam no projeto político-pedagógico um instrumento capaz de articular os diferentes atores da comunidade educativa, possibilitando que todas as vozes sejam ouvidas e suas ideias consideradas no que se refere, principalmente, ao direito à aprendizagem de todos e da emancipação social.

Na perspectiva de construção da cidadania, o educador deve valorizar a cultura da comunidade e buscar ultrapassar seus limites, propiciando aos alunos pertencentes aos diferentes grupos sociais o acesso ao saber, tanto no que diz respeito aos conhecimentos socialmente relevantes da cultura brasileira no âmbito nacional e regional como no que faz parte do patrimônio universal da humanidade. Os conhecimentos que se transmitem e se recriam na escola ganham sentido quando são produtos de uma construção dinâmica que se opera na interação constante entre o saber escolar e os demais saberes, entre o que o aluno aprende na escola e o que ele traz para ela, em um processo contínuo e permanente de aquisição.

A escola não se transforma em ambiente democrático apenas por melhorar o nível de instrução dos indivíduos, mas por prepará-los para participarem de uma sociedade, de modo a terem autonomia para pensar, agir, questionar e decidir. Para tanto, deve vincular-se ao meio social em que se encontra e, ao fomentar uma autonomia crítica por parte dos alunos, deve se empenhar em combater todo e qualquer tipo de exclusão, buscando desenvolver a capacidade dialógica e a de agir cooperativamente, na intenção de construir uma sociedade livre. A escola precisa preparar o indivíduo para a autonomia pessoal, mas também para a inserção na comunidade. Dessa forma, autonomia e gestão democrática fazem parte da própria natureza do ato pedagógico.

Para Veiga (1995), a gestão democrática é um princípio consagrado pela Constituição vigente e abrange as dimensões pedagógica, administrativa e financeira. Exige a compreensão em profundidade dos problemas postos pela prática pedagógica. Implica o repensar da estrutura de poder da escola, tendo em vista sua socialização. Inclui a ampla participação dos representantes dos diferentes segmentos da escola nas decisões administrativo-pedagógicas ali desenvolvidas.

Aliás, o discurso da autonomia, cidadania e participação tem marcado o debate educacional brasileiro na atualidade. Escola autônoma não significa escola isolada, mas em constante intercâmbio com a sociedade. A participação e a democratização de um sistema público de ensino é um meio prático de formação para a cidadania. E é nessa perspectiva que se reivindica a construção de um projeto político-pedagógico próprio de cada escola.

Há de se reconhecer que a escola é uma instituição social que, para bem exercer o seu papel, exige esforço e dedicação de todos os seus atores. Assim, a construção do projeto político-pedagógico deve apontar para a formação de cidadãos que reconheçam, na unidade educacional, um espaço para a equalização de oportunidades e que concebam o currículo como uma das possibilidades de transformação da sociedade.

Nesse sentido, constituir um campo de discussão e de renovação, procurando atender às mudanças que vêm ocorrendo nas áreas do conhecimento, da tecnologia e da informação, implica mudar as práticas docentes por meio de um conhecimento adequado das condições em que ela ocorre, sobretudo vislumbrando a escola, aberta à comunidade, como ambiente de luta pelos interesses comuns, propiciando tempo/espaços de discussão coletiva em torno do que se acredita, do que se deseja. A participação na gestão da escola propiciará um contato permanente entre comunidade, professores e alunos, o que leva ao conhecimento mútuo e, em consequência, aproximará também o currículo das necessidades dos alunos.

> Escola deveria ser, na verdade, não mais que um espaço dotado de instrumentos que permitisse, a seus atores, a organização da reflexão sobre as determinações sociais e sua instrumentalização para uma intervenção nessas determinações, de modo a orientar-lhes o sentido no interesse de todos, e não apenas das minorias (Gadotti e Romão, 2000, p. 49).

Assim, a reflexão sobre o projeto político-pedagógico remeterá a um questionamento a respeito das possibilidades da ação educativa na formação de cidadãos que possam interferir criticamente na realidade para transformá-la.

Dificilmente existirão duas escolas iguais com projetos iguais. Os sujeitos que tornam viva a escola carregam consigo uma concepção de homem e de sociedade, uma história de vida e uma formação que serão norteadores da ação educativa, principalmente se houver possibilidades de se discutir o tipo de ser humano a que a escola atende e que pretende formar em um mundo de relações cada vez mais complexas. Cada unidade é uma organização peculiar, cada qual encontra-se em uma realidade específica, uma trama própria, diferença oriunda de sua organização humana (alunos, pais, funcionários, educadores, gestores), do local onde se encontra (central, periférica, rural, urbana, capital, interior etc.) e das influências que sofre (culturais, sociais, materiais, regionais etc.)

> As atitudes, postura das pessoas que de uma forma ou outra estão ligadas à escola ou que ocupam diferentes posições na estrutura escolar e desempenham, em função destes papéis específicos, são variáveis determinantes para a atuação e resultados da escola. Cabe aos sujeitos detectar, investigar e propor alternativas de solução para os problemas (Albuquerque, 2005).

Tal fato sugere que um projeto político-pedagógico requeira uma vivência contínua, sistemática e comprometida de todos os sujeitos com a práxis educativa, e o planejamento participativo se apresenta como um procedimento eficaz, podendo constituir-se em um dos instrumentos facilitadores entre o refletir e o agir.

A participação amplia o grau de organização da população e, em relação à escola, contribui para a melhoria da qualidade de ensino. Segundo Gadotti e Romão (2000), todos os segmentos da comunidade podem compreender melhor o funcionamento da escola, intensificar seu envolvimento com ela e melhor acompanhar a educação ali oferecida.

Infelizmente, os dados empíricos muitas vezes demonstram que, em grande parte das escolas, a participação das vozes dos alunos ou dos seus pais e/ou responsáveis na definição do currículo é inexpressiva. As dificuldades de participação comumente são criadas pela estrutura burocrática dos setores que representam a cultura dominante e que impingem a todos um currículo comum, com isso visando perpetuar o monopólio das decisões.

Para Romão (2000),

> a instituição de coletivos nas escolas apresenta-se, dialeticamente, como uma instância mediadora que é, ao mesmo tempo, um mecanismo de absorção das tensões e dos conflitos de interesses e um instrumento potencial de inovação e transformação, na medida em que abre espaço para a explicitação daquelas tensões e conflitos represados, camuflados ou inibidos (p. 29).

Monfredini (2002), em análises realizadas sobre alguns documentos, constatou que nos projetos político-pedagógicos prevalece, de forma especial, a dimensão que os educadores dão aos problemas com os quais se deparam no cotidiano escolar. Segundo a autora, os esforços tendem à resolução daqueles que possam impedir o funcionamento adequado da unidade educacional, como a solicitação feita aos pais para uma atuação em parceria, visando à manutenção da disciplina e ao acompanhamento do processo de aprendizagem dos alunos, assim como pelas contribuições financeiras realizadas pela Associação de Pais e Mestres (APM).

Esse estudo evidencia que a participação é fruto de um processo gradativo e encontra barreiras em uma sociedade cuja tradição é a não participação. Para reverter essa situação, os segmentos da escola devem assumir responsabilidades, e aos órgãos centrais cabe a função de proporcionar a garantia de reais condições para a elaboração e efetivação de um projeto político-pedagógico que seja, de fato, um instrumento educativo.

Embora desejada, a atitude democrática enfrenta dificuldades, como: concepções que atribuem às hierarquias administrativas a capacidade de planejar e governar; estrutura vertical do sistema educacional; pouca experiência democrática nos diversos setores da escola e do sistema e a intensa herança autoritária. Mas, se vigorar certa insistência em uma dinâmica de trabalho coletivo, na qual os sujeitos possam avaliar, discutir, conceber, criar, enfim, planejar formas possíveis de se atingir os objetivos institucionais, os conflitos serão mais facilmente superados.

Dentre as principais sequelas dos currículos centralizados e autoritários da cultura dominante, os educadores não adquiriram a tão necessária prática do planejamento coletivo das suas ações. Segundo Gandin (2005), os professores perderam a noção de relação ação/resultado e com isso as ações passaram a ser realizadas de forma individualista e com fim em si mesmas. Dessa forma, sem saber qual caminho seguir, os educadores optam pelo senso comum, desqualificando o fazer pedagógico.

Buscando discutir essas questões, Gandin (2005) esclarece duas proposições: a primeira é que as leis de ensino não atingem os resultados que, em geral, delas se espera, e a segunda é que, no Brasil, o enfoque da lei está equivocado, pois, sendo necessária no que diz respeito às regras de administração de ensino, ela termina enveredando pelas questões pedagógicas, o que devia ser tarefa dos profissionais da educação. Nesse sentido, é preciso encontrar formas para efetivar a participação dos educadores nos projetos durante todo o processo de sua construção: analisando propostas, planejando ações, apontando demandas para reflexões e revisões.

Tornando-se comprometidos e envolvidos, os diversos agentes educativos se sentiriam coautores do projeto, o que possivelmente minimizariam os problemas que se antepõem ao desenvolvimento educacional. Vale ressaltar que

> Investir no planejamento traz como resultado um crescimento da instituição em termos de idéias, mormente se o instrumento utilizado for o planejamento participativo. A experiência mostra que a persistência e o rigor no uso do planejamento fazem com que a instituição e as pessoas cresçam no que diz respeito ao seu conjunto de idéias (Gandin, 2005, p. 39).

É imprescindível que educadores tornem-se sujeitos do projeto, envolvendo-se em uma construção responsável, com percepção quanto ao tipo de ideal e práticas educacionais a que estão ligados. Nesse sentido, planejar ações que se articulem com as ideias facilita o enfrentamento das dificuldades, ou melhor, subsidia um projeto que se propõe a construir a escola sonhada.

As declarações de intenções de melhoria da escola e da educação são absolutamente positivas e grandiosas, mas insuficientes. Muitos apontam para a necessidade de mudança curricular, no sentido de rejeitar formas de escolarização que marginalizem os estudantes pertencentes às etnias, classes sociais ou gênero com menor poder na sociedade e desenvolver práticas escolares que reconheçam como as questões relacionadas a essas categorias podem ser utilizadas como recursos de aprendizagem. Os atos do dia a dia contribuem para reforçar ou superar determinado tipo de sociedade. É necessário que os educadores tenham consciência da sua prática e saibam a serviço de que projeto de sociedade ela está. De modo semelhante, segundo Giroux (2003), se o conhecimento escolar deve ser organizado em torno das necessidades dos menos favorecidos, então a autoridade na sala de aula deve repousar nas mãos dos professores e das comunidades e não estar sob o controle de "especialistas". Além disso, as avaliações nas escolas devem-se utilizar de múltiplas fontes e estar atentas aos recursos culturais das comunidades em que os estudantes vivem seu cotidiano.

Nessa perspectiva, as condições para ensinar e aprender não podem ser separadas de como e o que os estudantes aprendem. As escolas precisam de formas de ensino que sejam inclusivas, que se preocupem com os alunos e os respeitem. Tais ideias pressupõem a construção do conhecimento e das habilidades necessárias para que os alunos se tornem atores e agentes sociais equilibrados. Entretanto, os educadores devem, coletivamente, abordar as consequências práticas de seu trabalho na sociedade mais ampla e estabelecer conexões com as formas institucionais, práticas sociais e esferas culturais frequentemente ignoradas e que influenciam fortemente os jovens fora das escolas.

Diante das proposições expostas, é necessário que sejam tomadas decisões que possibilitem a participação coletiva, para que a transformação educacional se realize na prática. Em função disso, é primordial que se reconheça o direito de todos os segmentos da escola participarem do processo de decisão. Esse reconhecimento se dará na medida em que a decisão em torno do que fazer e de como fazer for realizada conjuntamente. Há de se ter clareza quanto ao significado do projeto político-pedagógico, não só como produto, mas também como processo.

A organização do projeto deve se apoiar no desenvolvimento de uma consciência crítica, no envolvimento das pessoas, na autonomia, responsabilidade e criatividade, não devendo se restringir ao planejamento de ensino e atividades diversas. Para tanto, o projeto precisa se constituir, como produto, na busca de um rumo, de uma direção. Veiga (1995) salienta que, etimologicamente, projeto é "lançar para diante".

Nesse sentido, os educadores podem recorrer aos discursos críticos e inovadores, textos e documentos legais e, acima de tudo, com as próprias vivências sociais, as vivências dos alunos e a experiência escolar. Perante isso, sem dúvida, é necessário refletir sobre o descompasso entre o explícito e o implícito, isto é, pensar se o que se anuncia fazer é realmente feito.

Vasconcellos (2002) considera que projeto político-pedagógico é o plano global entendido como a sistematização, nunca definitiva, de um processo de planejamento participativo, que define claramente o tipo de ação educativa, a partir da leitura da realidade. Trata-se de um importante caminho para a identidade da instituição.

Nesse caminhar, ora mergulhados na cotidianidade, ora dela se distanciando, é possível refletir e escrever a história de uma escola específica com todos os seus personagens que, juntos, a partir de seus desejos e necessidades e dentro de condições concretas, vão construindo a educação.

Para tanto, é importante que a comunidade escolar questione a si mesma, questione a escola como instituição, esteja atenta aos meios e fins para a realização de algo que se quer, reflita acerca da clareza e pertinência dos objetivos e valores que norteiam a ação, exija a participação e autonomia, enfim, reivindique um projeto político-pedagógico. No contexto de uma gestão democrática, tais elementos implicam a possibilidade de se ter liberdade e responsabilidade para eleger objetivos considerados valiosos para o coletivo.

> Para além de um mero documento escrito, um projeto pedagógico se constitui em uma forma de organização escolar diferenciada e conseqüente, visando à consecução de determinados fins e objetivos que dela se esperam, ao menos se se tratar de uma escola pública (Silva, 2001).

Nessa escola, todo educador pode contribuir com o processo educacional, principalmente se observar os pontos principais em torno dos quais o coletivo decidiu atuar. Uma atuação responsável pressupõe conhecer, além dos direitos, os deveres.

Romão (2000) garante que o permanente planejar coletivo, as teorias, as concepções de escola, de espaço e de tempo escolares, de currículo, de relações extra e intraescolares do instituído são temas recorrentes do processo de uma educação de qualidade. Assim, como as finalidades devem ser estabelecidas coletivamente, o padrão de qualidade deve estar relacionado aos mesmos fins.

A autonomia, como meio indispensável para a consecução de objetivos, pode ser acrescentada a esses pré-requisitos e, portanto, ligada à essência do projeto político-pedagógico da escola. A escola pública e autônoma é aquela capaz de fixar as regras do próprio funcionamento, sem se opor à unidade do sistema. Refletir sobre a própria autonomia pressupõe conhecer, além do sistema, a escola. O cotidiano educacional é, em parte, fruto das condições sociais e institucionais e resultado da reflexão e ação intencional e deliberada dos seus educadores.

Nesse sentido, recorrendo a Vasconcellos (2002), verifica-se que, em sua elaboração, o projeto deve contemplar a reflexão e a articulação das três dimensões fundamentais: análise da realidade ou marco referencial; projeção de finalidades ou diagnóstico, e elaboração de formas de mediação ou programação. O marco referencial é a leitura da realidade, traz a reflexão do grupo (o que se deseja), a tomada de posição (valores assumidos) e busca tensionar a realidade no sentido da sua superação; o diagnóstico é saber a que distância se está do desejado, tem por função conhecer/julgar a realidade e chegar às necessidades; programação é a proposta de ação, saber o que é necessário e possível ser feito para diminuir a distância em relação ao ideal desejado.

No processo de construção e desenvolvimento do projeto político-pedagógico, vale destacar que apenas o diálogo, em bases democráticas, não é suficiente. É preciso organizar as ações, acompanhá-las, planejá-las e avaliá-las. Esse planejamento é uma ação coletiva que se faz a partir de um fluxo de informações e opiniões para um modelo de escola ou determinado sistema educacional. O registro das ações, ou seja, a documentação das etapas percorridas tem, portanto, grande importância nesse decurso, sendo condição para que os processos vividos permaneçam como memória.

A atividade de planejar deve partir da escola, não se restringindo aos problemas educacionais, implica uma visão e análise amplas do mundo e da sociedade, sendo de grande valia resgatar também a dimensão pedagógica do planejamento como uma atividade que propicia a aglutinação em torno da escola, dos diferentes segmentos escolares e extraescolares, superando a ideia segundo a qual quem planeja não executa, quem decide não faz e quem faz não decide.

É preciso planejar coletivamente e sem hierarquias burocráticas, por meio de conselhos intermediários, em cada nível. Por exemplo, para o autor, o plano municipal de educação deve ser a consolidação dos planos ou dos projetos das escolas em seu âmbito. Deve ser criado um sistema de comunicação entre os diversos níveis de planificação e de administração educacional, de forma que as consolidações de cada etapa sejam acompanhadas por todos os níveis. Atribui-se a cada segmento escolar responsabilidades específicas, mas integradas entre si, e garante-se a participação em todo o processo, desde o primeiro momento até o replanejamento, que decorre da necessária, contínua e permanente avaliação das ações.

O primeiro passo para que as decisões sejam tomadas de forma socializada é abrir a escola a todos os segmentos e convidá-los a participar de todos os momentos em que, na escola, forem desencadeados processos decisórios. Uma vez tomada a decisão de forma coletiva, cada segmento pode se responsabilizar por determinadas tarefas, de acordo com as consolidações do grupo, sentindo-se corresponsável pelo processo e pelo projeto. Assim, a participação de pais e alunos deve vincular-se aos diversos colegiados existentes na escola, e eles devem ser ouvidos em todos os assuntos que lhes dizem respeito. As associações de bairro, entidades comunitárias e ONGs podem ser parceiras da escola.

A equipe administrativa da escola, responsável pela coordenação das atividades escolares, deve "seduzir" os demais segmentos para melhoria da qualidade do trabalho desenvolvido, criando mecanismos e condições favoráveis para envolvê-los. O professor-coordenador ou coordenador pedagógico deve articular a equipe em torno do cumprimento do que foi estabelecido, coordenando os planos de cursos, de currículo, de ensino e de aula. O supervisor escolar ou de ensino tem a responsabilidade de apresentar as diretrizes gerais, sobretudo pedagógicas, criar condições institucionais da realização do projeto de cada escola e participar ativamente do seu processo de construção e desenvolvimento. A participação dos professores está ligada não só à definição geral do projeto, como também à definição dos planos de currículo, de curso, de ensino e de aula, organizando suas atividades com base no que foi decidido coletivamente.

Padilha (2004) afirma que a "leitura do mundo" é a primeira etapa a ser realizada e, para tanto, as discussões e reflexões podem acontecer nas salas de aula com os alunos, nas reuniões com pais e funcionários, com professores e nos diversos espaços da comunidade. Nesse sentido, sugere fortalecer a gestão democrática, envolvendo toda a comunidade nas diversas e diferentes decisões a serem tomadas, visando à ampliação do processo democrático.

O autor destaca a importância da escrita do projeto político-pedagógico por se tratar de um momento privilegiado para a escola contar sua história e elaborar um documento representativo das ações e relações pessoais que lá se organizam e se estabelecem, e ainda representativo do vínculo com a rede ou sistema de ensino à qual pertence. A sistematização final do documento pode ficar a cargo de uma comissão de relatoria da escola, mas sempre submetendo a escrita do texto, em plenárias diferenciadas, à apreciação e avaliação dos representantes da comunidade escolar que darão retorno aos seus pares, chegando à plenária final, que vai referendar o projeto político-pedagógico.

Como se pode notar, o projeto político-pedagógico transmite a ideia de algo escrito e documentado. Ampliando esse conceito, nos limites deste texto, o termo currículo será utilizado como tradução prática do projeto político-pedagógico, ou seja: quando ele entra em ação, surge o currículo.

Gadotti (2006) atrela essa postura às práticas comuns de um velho mundo construído sob os paradigmas da exclusão, da injustiça, de uma globalização neoliberal que produz e reproduz essas condições e que concebe a educação como uma mercadoria, reduzindo as identidades humanas a consumidoras, desprezando o espaço público, reforçando um sistema sexista, excludente e patriarcal, desatando o racismo, destruindo o meio ambiente, a saúde e as condições de vida do povo e, o pior, criando a ilusão de que as oportunidades são iguais para todos, quando, na realidade, são perversas para a grande maioria das pessoas.

A questão que se apresenta é inverter a lógica capitalista, isto é, desconcentrar a riqueza. "O problema está em nós, que, aprisionados por uma lógica linear, não temos tido a oportunidade de aprofundar nossas alternativas" (Gadotti, 2006, p. 12).

A partir das ideias expostas, aqui se defende que educar para outro mundo possível é perceber e ressaltar as diferenças por meio da valorização cultural de cada sujeito implicado no processo educativo, buscando, para isso, segundo as palavras do próprio autor, "incluir uma pedagogia das ausências (mostrar o que está escondido, escavar o que foi silenciado pelas culturas dominantes, o estrangeiro em mim)" (p. 76). Sendo assim, é possível educar os alunos para o mundo de hoje, assumindo o desafio de educar para a humanidade, contribuindo para a diluição das hierarquias, garantindo a diversidade e de fato constituindo bases para a democracia. Planejando desde já práticas pedagógicas centradas na formação crítica, e não apenas na formação de mão de obra para o mercado, que sejam pensadas, organizadas e avaliadas pelo coletivo de educadores, referendadas por um projeto político-pedagógico próprio de cada unidade escolar.

Para Fusari (1998), o estudo da prática e da teoria que a sustenta se constrói na interação com o outro. "O caminhar solitário a que tem sido submetido o educador pode resultar em uma prática cristalizada que nunca se modifica e cuja teoria jamais é explicitada nem questionada" (p. 9). O educador, como sujeito cognitivo, afetivo e social é uma totalidade que, imerso em seu trabalho, exercita o fazer, o pensar e o teorizar, pois não existe prática sem teoria.

No campo específico da educação física, Neira (2003) defende uma atuação profissional baseada na ação prática, mas com capacidade reflexiva. Sugere uma prática que contemple a descrição, a discussão, os registros e a interação com os colegas para uma verdadeira análise reflexiva, e ressalta ainda a necessidade de espaços em que os professores possam falar do seu trabalho e, mais, possam saber se suas decisões educacionais estão de acordo com os projetos políticos e culturais do seu país.

Ainda em Neira (2004), temos que os contextos de aprendizagem dos professores são: sala de aula, formação contínua, relação com colegas, pais e comunidade escolar, relação pessoal com livros, computador, leitura e escrita, participação de palestras, cursos e seminários e realização de pesquisas e projetos educacionais. Para o autor, "transformar a sala de aula em um laboratório ou contexto em que o professor é desafiado para desenvolver novas formas de ensino e aprendizagem é fundamental" (p. 54).

Analisar a prática e tomar decisões coletivas significa repensar modelos abrangentes a realidades diversas, é ter consciência dos critérios de seleção e organização do conhecimento escolar, é, antes de tudo, intervir e transgredir, se necessário for. Podemos dizer que, diante de situações complexas como as que apresentam a sala de aula atualmente, cabe ao grupo de educadores mobilizar conhecimentos, habilidades intelectuais e físicas, atitudes e disposições pessoais, de forma que identifique corretamente os elementos que estão em jogo e dar-lhes tratamento adequado. Precisamos evitar que a força do hábito, mais do que do raciocínio, impulsione educadores a agirem da mesma maneira em situações similares.

Arroyo (2001), ao refletir sobre a prática escolar e como ela concebe a inovação, chama a atenção para o fato de que, nas últimas décadas, construiu-se um pensamento crítico que repensou a educação com profundidade teórica; entretanto tais reflexões ocorreram mais no plano político-ideológico do que no pedagógico e escolar. Afirma que:

> Há muita riqueza e variedade de teoria pedagógica não registrada, não explicitada e não sistematizada. Uma das preocupações das experiências inovadoras é

que os professores dialoguem, explicitem, sistematizem, registrem seu pensamento pedagógico, as razões e os valores que inspiram suas práticas (p. 154).

Para analisar a prática educativa, Zabala (1998) apresenta ideias gerais sobre algumas das variáveis que incidem sobre o ensino e acabam se concretizando em sala de aula. Identifica as sequências de atividades ou sequências didáticas como unidade preferencial para a análise da prática, ou seja, afirma que a melhor forma de perceber as características diferenciais da prática educativa é o modo segundo o qual se organizam e se articulam as atividades em sequências ordenadas.

Indica como ponto de partida, para análise da prática, alguns elementos que oferecem informações para a tomada de decisões, os quais podem ser agrupados em dois grandes referenciais: um ligado ao papel e ao sentido da educação (para que educar? Para que ensinar?), ou seja, ligado à função social do ensino, e o outro é determinado pela concepção que se tem da maneira de realizar os processos de aprendizagem.

Ao refletir sobre a função social do ensino, o autor argumenta que, para qualquer intervenção pedagógica consciente, é necessário situar-se ideologicamente, determinar os objetivos e finalidades da educação em relação às capacidades que se pretende desenvolver nos alunos e, no âmbito da sala de aula, responder à outra questão: "o que ensinamos?"

Apreendemos daí que surge a necessidade de reflexão coletiva sobre o aluno e a sociedade que se pretende e, em consequência, as capacidades a serem potencializadas. Para uma formação integral, interessa definir o que os educadores entendem por autonomia e equilíbrio pessoal, a que tipo de relações interpessoais se referem e o que querem dizer quando falam sobre atuação ou inserção social. Há de se perceber que existe relação entre as diversas capacidades e, mesmo que se priorizem as cognitivas, de alguma forma, as outras capacidades sofrerão influência no desenvolvimento do ser humano. A questão então é determinar quais capacidades devem ser potencializadas para que os alunos superem os problemas e conflitos de toda uma vida.

Nesse sentido, é interessante conhecer a escola na qual o professor atua, assim como reconhecer as condições de vida, os tipos de relacionamentos, a vivência e expectativas dos alunos dessa comunidade. Apesar do processo de aprendizagem ser uma construção individual, não pode ser considerado solitário, uma vez que o conhecimento "novo" deve se aproximar do culturalmente estabelecido, razão pela qual a intervenção do professor possibilitando a construção do significado por parte do aluno é muito bem-vinda.

> (...) somente a partir do conhecimento da realidade (grupo de alunos e comunidade onde vivem) quando se estabelece um contato mais íntimo com os seus saberes é que o método de ensino efetivamente se configura. (...) A proposta depende dos questionamentos e interesses surgidos a partir da problematização dos temas por parte dos alunos, dos professores ou da comunidade escolar (Neira e Nunes, 2006, p. 240).

Pelo que se pôde compreender em relação ao perfil do professor e da sua prática pedagógica, infere-se a impossibilidade de negar a importância da dimensão coletiva na prática educativa. Outrossim, é necessário que se reconheçam as inúmeras dificuldades que o espaço escolar apresenta. Vale apontar como exemplos a diversidade cultural e as dificuldades no processo ensino-aprendizagem. Exatamente por tais motivos, evidenciam-se a necessidade da construção do projeto político-pedagógico e a importância de uma organização coletiva em que a comunidade educativa, por meio do diálogo, examine e questione as relações de poder, construa democraticamente o currículo da escola e se articule em um movimento de ação-reflexão-ação, de modo a serem respeitados como sujeitos, autores da própria prática.

Moreira e Candau (2003) refletem sobre as dificuldades com que se deparam os professores para superarem os desafios encontrados, quando indicam que é necessário tornar a cultura um eixo central, conferindo uma visão multicultural às práticas educativas. Segundo os autores, os professores possuem visão de cultura, escola, ensino e aprendizagem que não dão conta dos desafios encontrados em sala de aula nem do caráter multicultural das sociedades e, mais, que uma orientação multicultural ainda não norteia as práticas curriculares. Sugerem que as práticas pedagógicas incitem o questionamento às relações de poder, favorecendo, na escola, a diminuição de atos de opressão, preconceito e discriminação. A partir das ideias de Stuart Hall, entendem que a cultura deve ser vista como algo fundamental, constitutivo, que determina a forma, o caráter e a vida interior do movimento do mundo e que, por assim ser, afirmam: "não há como se negar a estreita relação entre as práticas escolares e a(s) cultura(s)" (p.160). Para que a preocupação com a cultura e com a pluralidade cultural venha a se materializar no cotidiano escolar, propõem ainda a construção, pelos educadores, de novos currículos, de forma autônoma, coletiva e criativa.

Em outro trabalho, Moreira (2002), ao reconhecer a diferença cultural na sociedade e na escola, tece implicações para a prática pedagógica como abandono de uma perspectiva monocultural; formação docente, na qual o futuro docente se sinta como sujeito capaz de elaborar, decidir e interagir com os demais, problematize seu modo de pensar e seja um professor reflexivo, multiculturalmente orientado; afirmação da necessidade de se verificar como o conteúdo surgiu, em que contexto social, quem o propôs historicamente, quais eram as ideologias dominantes, trazendo, assim, o conceito de "ancoragem social", e a criação de um contexto no qual as inter-relações favoreçam a aprendizagem. Argumenta que a educação deve propiciar contextos de mediação entre pessoas de diferentes culturas e vê o diálogo como instrumento de ensino, de mediação entre grupos distintos, de democratização da escola e da sociedade, de criação de consensos culturais e cognitivos, de eliminação de barreiras entre as diferenças.

Assim, considerando a intenção de pensar um currículo para a educação física articulada com projeto político-pedagógico, interessa compreender melhor, conforme Neira e Nunes (2006), de que maneira as propostas formuladas como críticas às pretensões hegemônicas dos currículos dominantes do componente podem se articular a uma concepção democrática de gestão e educação, visando à transformação para o alcance de maior justiça social.

Daí a importância de se pensar a educação física e a própria escola não apenas da ótica dos seus fatores internos, tais como objetivos, conteúdos, métodos de ensino, atividades avaliativas, o material didático etc. Esses elementos, embora necessários, não bastam e só podem, de fato, ser compreendidos em toda a sua dimensão, a partir de uma reflexão crítica não só da educação física, mas também da escola enquanto instituição e da comunidade com seus representantes e suas produções culturais.

É possível entender, sob a influência das teorias críticas da educação, a necessidade de, em relação à prática pedagógica da educação física, discutir, questionar e ressignificar as atividades corporais praticadas atualmente e, portanto, presente nas escolas. Faz-se necessário pensar no corpo das pessoas em seu movimento e interação com as outras pessoas e com a natureza, um corpo vivo que se relaciona. Essa interação sociedade-natureza levou ao conceito de cultura e a uma reflexão sobre as práticas corporais, considerando o sujeito de uma perspectiva sociocultural. Em função disso, o estudo das manifestações da cultura corporal contribuirá para compreender os diversos elementos impregnados nas diferentes práticas corporais, uma vez que tudo o que o ser humano produz e a forma como se expressa estão inseridos em um contexto cultural.

É dessa ótica que Neira e Nunes (2006) posicionam-se em favor de uma nova maneira de conceber a educação física, no que tange à prática escolar. Argumentam que, ao se entrecruzar com a cultura, o indivíduo tanto constrói sua motricidade como expressa suas produções culturais, usando os recursos disponíveis, visando favorecer a compreensão da sua ação/intenção.

É por meio de uma abordagem sociocultural que se defende a inserção da educação física no projeto político-pedagógico da escola, considerando a tentativa de aproximá-la de uma visão democrática e como campo de problematização e aprofundamento de estudos sobre os sentidos e significados das manifestações da cultura corporal.

Essa visão compartilha da ideia de aproximar objetivos, conteúdos e métodos na construção dialógica do currículo da educação física com as intenções educativas da escola. Assim, defende-se, entre outras posturas, uma prática pedagógica desenvolvida em projetos didáticos discutidos democraticamente com os alunos e contemplando seus saberes originários, suas expectativas, seus modos de vida, enfim, seu patrimônio cultural. Busca-se, nessa perspectiva, tanto uma reflexão crítica sobre o seu universo experiencial como uma ampliação de conhecimentos dos alunos e dos educadores. Aqui se defende que somente uma pedagogia que permita um entendimento aprofundado do diálogo estabelecido entre a sociedade e as manifestações da cultura corporal, desvelando o emaranhado de relações de poder envolvidas, possibilitará aos alunos a descoberta e a invenção de estratégias alternativas, tencionando a transformação do seu cotidiano mais próximo e da sociedade em geral.

CAPÍTULO 3
Sociedade, multiculturalismo e educação física[1]

O começo do terceiro milênio encontrou o mundo convertido em um cenário de expressões plurais no qual complexas realidades multiculturais se inserem e se entrecruzam em ampla diversidade de tradições políticas, étnicas, sociais, religiosas e de gênero. Na Europa, em parte por herança de uma sociedade pós-colonial, já se visualizam múltiplas etnias alusivas às ondas migratórias das últimas décadas; nos países da América do Norte, algo semelhante ocorre em função dos movimentos migratórios e da constituição heterogênea do seu povo; e na América Latina, em razão da sua histórica constituição cultural e socialmente diversificada. Assim, a problemática da diversidade cultural e do multiculturalismo constituem um dos grandes temas abertos ao debate, na atualidade.

A queda do muro de Berlim, em 1989, e o desaparecimento do bloco comunista que articulou a expressão das fronteiras políticas e econômicas com o mundo capitalista ocidental geraram, desde os anos 1990, uma significativa transformação nos horizontes da política. Esse período, rico em revoluções e contrarrevoluções envolvendo

---
[1] Este capítulo foi elaborado tomando-se como referência os extensos trabalhos de Joe Kincheloe, Shirley Steinberg, Peter McLaren e Henry Giroux cuja construção teórica foi confrontada com as propostas curriculares da educação física.

sociedades urbanas e rurais e em experiências políticas de várias vertentes ideológicas – fascismo, nazismo, social-democracia, populismo, nacionalismo, terceiro-mundismo, entre outras –, ocasionou diversas influências e reações pelo globo. Esse quadro impulsionou outras propostas interpretativas, ampliando as fronteiras de conflito do século XXI aos âmbitos culturais delimitados pelas questões religiosas, segundo os argumentos de Huntington (1997), em sua visão do choque de civilizações do futuro. Na sua perspectiva, o panorama político internacional se caracterizou pelo desaparecimento da política e reaparecimento das religiões como eixo da interação sociocultural e conflituosidade no novo século. McLaren (2000a) acrescenta às motivações religiosas, as posições de classe, etnia e gênero como fatores que aumentam a fervura das relações. Os estudos culturais têm argumentado que os espaços de conflito se direcionam cada vez mais às fronteiras das diferenças culturais como âmbitos de negociação social e política, que substituem os confrontos predominantes no pós-guerra. Nesses tempos, descobre-se que os dilemas, representados anteriormente pela oposição ideológica capitalismo/comunismo, estão em toda parte. O Outro, agora, está ao nosso lado.

No nível econômico, os processos de globalização crescente geram uma série de modificações decisivas em escala planetária com a consolidação de dinâmicas mundiais de intercâmbio de imagens, pessoas e ideias. A economia neoliberal de mercado globalizado e o ciberespaço marcam os parâmetros do mundo atual do mesmo modo que a expansão colonial europeia e a penetração do capitalismo desafiaram as fronteiras geográficas e culturais do mundo ocidental, no final do século XIX. A reestruturação da economia mundial, somada ao impacto dos meios de comunicação e à generalização do ciberespaço, desencadeou tendências globais com forças complementares, mas também contraditórias.

Inicialmente, a dinâmica de mundialização conduziu a processos de universalização e homogeneização cultural. A globalização das indústrias culturais em nível mundial fomentou a homogeneização do consumo e da cultura, ultrapassando fronteiras nacionais cuja

CAPÍTULO 3 Sociedade, Multiculturalismo e Educação Física

identidade e esfera de atuação estão em permanente processo de redefinição nos espaços territoriais em que as fronteiras geográficas nacionais se diluem na constituição de mercados globais em âmbitos tão distantes quanto a Comunidade Econômica Europeia, o Nafta, os chamados Tigres Asiáticos ou o Mercosul. Produtos culturais, como a música, o cinema, a publicidade ou as novelas e os seriados televisivos configuram os referentes audiovisuais das novas gerações que os consomem em grande medida, ultrapassando as fronteiras nacionais.

Referindo-se aos nacionalismos emergentes do século XIX, Anderson (1991) propôs o conceito de "comunidade imaginária", como fórmula para explicar a experiência de pertencer a um grupo determinado que, de forma paralela, gerava os próprios mecanismos de exclusão da comunidade criada. Também destacou a importância de certos instrumentos culturais, como a imprensa, para a consolidação das identidades nacionais.

Em consequência, inclusão e exclusão constituem-se, atualmente, os elementos-chave nas políticas de identidade, delimitadas especificamente a partir da definição do Outro e das dinâmicas identitárias. Nesse sentido, o consumo de produtos culturais e o olhar do Outro são fundamentais na criação de mecanismos que regulam a integração ou a exclusão dos membros de uma comunidade. A globalização dos alimentos, da música, dos esportes, das formas de lazer, dos programas de televisão e dos demais produtos culturais fomenta o espelhamento da construção artificial de uma "comunidade imaginária" em nível global, e de referenciais culturais aparentemente universais no marco de um projeto econômico único em um mundo globalizado de recursos econômicos-culturais desiguais. De forma semelhante às posições de Anderson, permitiu-se, desde o século XIX, o desenvolvimento da ideia de civilização universal vinculada ao conceito de nação, o que viabiliza a argumentação de que o neoliberalismo e o ciberespaço estão orientando o processo de construção de um ideário cultural universal em nível planetário.

A contrapartida dessa dinâmica homogeneizadora das últimas décadas é, paradoxalmente, o surgimento de uma tendência paralela de fragmentação, que se manifesta em uma reivindicação da diversidade. Diante dos projetos culturais de homogeneização em torno de uma norma monocultural hegemônica, a afirmação das diferenças se expressa em termos plurais, a partir de distintas instâncias religiosas, políticas, estéticas, étnicas ou de gênero. Dessa perspectiva, a diversidade cultural se manifesta como expressão dinâmica de significados construídos de forma diversa em contextos específicos. É por isso que as políticas de identidade são a chave no processo de construção de identidades coletivas que partem do reconhecimento da diversidade. Segundo McLaren e Giroux (2000), os novos movimentos sociais surgidos a partir dos anos 1970 e várias políticas atuais se sustentam a partir do paradigma da diferença e do desenvolvimento de políticas de identidade, refletindo no incentivo às políticas de igualdade de oportunidades ou ações afirmativas para minorias, tais como mulheres, imigrantes, idosos, crianças e afrodescendentes, nos últimos anos. Os marcos referenciais da diversidade cultural, a partir da construção de identidades coletivas diferentes e às vezes contestadas, converteram-se em um dos eixos das dinâmicas sociopolíticas do mundo na atualidade.

Os significados das diferenças culturais se constroem conforme as circunstâncias políticas, sociais e culturais. Com impactos desiguais em função do marco da cultura política e civil, história e reconhecimento de diferenças existentes em cada sociedade, o triângulo do multiculturalismo se constituiria a partir dos eixos de Estado-nação, religião e etnia. McLaren (2000a) expande esse grupo para todos que, em determinados espaços sociais, compõem as minorias e grupos subjugados desprovidos de poder. Em todos os casos, as representações culturais do Outro incorporam essa dinâmica de construção da identidade a partir das chamadas de inclusão e exclusão da comunidade imaginária que sustenta a identidade assumida. A imagem do Outro se consolida a partir de uma representação mental, de um imaginário coletivo, mediante imagens, ritos e múltiplos dispositivos simbólicos cujos registros não somente enunciam como também reafirmam as diferenças, embora algumas colocações veiculadas pelo senso comum apresentem as identidades como fruto da construção dos próprios grupos de imigrantes, mulheres, homossexuais, afrodescendentes, migrantes etc.

Em oposição à ideia da autoconstrução da identidade, é possível afirmar que o imaginário coletivo se constrói a partir da subjetividade política e dos olhares sobre o Outro, o que implica a totalidade do tecido social na construção diária da imagem desse Outro e na criação da diferença sobre ele.

Hall (2003) destacou o grande impacto do sistema de representações culturais na configuração da sociedade atual. No seu ponto de vista, as representações referem-se à cultura, atribuindo-lhe certos significados e transmitindo valores coletivos e compartilhados, que constroem imagens, noções e mentalidades com relação aos Outros coletivos. As representações culturais constituem um processo dinâmico de ordem histórica. Não se trata de elementos estáticos nem tampouco imutáveis: são sistemas de representações que se modificam e se reelaboram em forma de imagens, modelos, crenças e valores em cada contexto e tempo. Assim, as representações culturais e imagens da alteridade, logo, particular e coletiva, representam um elemento importante na dinâmica que configura a sociedade multicultural atual. Atribuem significados compartilhados às coisas, aos processos, às pessoas, às relações e influenciam de forma singular no desenvolvimento de práticas sociais. Diante das visões específicas da articulação identitária, pode-se conceber a cultura como um conjunto de crenças e de modelos conceituais da sociedade que modela as práticas cotidianas (Geertz, 1989). A construção de identidades coletivas, por outro lado, pode ser entendida como uma dinâmica processual e relacional em constante processo de construção, readaptação ou negação, sustentada por bases que podem ser plurais ou contestadas.

A tensão entre as metanarrativas tradicionais da modernidade e do progresso, e as visões pós-modernas das dinâmicas culturais e sociais questionadoras das categorias universais abriram um campo fértil para reflexões em torno do debate teórico e político, conectando-se ao significado do multiculturalismo e das políticas de identidade na sociedade, com sua complexidade cultural e economia global. Esse quadro, pode-se dizer, configura-se por diversos temas. Perante o panorama global de pretensões universalistas, o contexto local e as políticas de identidade manifestam a alternativa de reconhecimento da diversidade e das diferenças culturais, étnicas, religiosas, de gênero etc. Diante de uma concepção única nutrida por uma noção universal da condição humana que atravessa as diferenças e a diversidade na experiência coletiva, o desenvolvimento das correntes de pensamento pós-colonial, dos estudos feministas, da teoria da homossexualidade (teoria *queer*) e dos estudos culturais obrigaram a reorganização de categorias universais de homem e mulher, comuns a toda humanidade.

A descolonização e os processos culturais que emergiram no seu interior questionam há décadas a primazia do modelo hegemônico ocidental do macho branco, europeu, heterossexual e cristão, como o sujeito único do pensamento político universal. Ao questionar a autoridade do pensamento masculino ocidental, os movimentos sociais dos direitos civis, as feministas, os ambientalistas, os sem-terra, os sem-teto, o poder negro, a comunidade *gay*, os movimentos de descolonização e as outras forças sociais que surgiram a partir do multiculturalismo destacaram a complexidade das relações hierárquicas de poder que podem se sustentar na suposta pluralidade das diferenças. Sobre essa fundamental questão, tanto o pensamento pós-colonial como os estudos culturais alertam para a necessidade de se repensarem as noções universais.

O desafio do século XXI é o pleno exercício dos direitos humanos com a garantia do princípio da igualdade a partir do reconhecimento da diversidade, ou seja, a equidade. Nessa perspectiva, Souza Santos (1997) convida a refletir sobre o exercício dos direitos humanos universais no mundo globalizado e a implicação do conceito de cidadania em sociedades nas quais atuam poderosos mecanismos excludentes, postos em ação por setores crescentes e vitimando parcelas cada vez maiores de minorias sem direito à cidadania. Haja vista o aumento da chamada "imigração ilegal".

A noção de identidade fixa deve ser repensada e fica, portanto, em suspenso o estabelecimento dos múltiplos significados que as identidades podem alcançar em contextos distintos e em diversas relações. Os estudos culturais defendem a construção sociocultural das identidades fundamentada em categorias que ultrapassam o tempo, os lugares e os contextos: etnia, classe social e gênero. Assim, o processo de construção de identidades culturais não ocorrem da mesma forma de Norte a Sul, do centro à periferia, de sociedades colonizadas a colonizadoras, dos grupos dominantes aos dominados, dos nativos aos estrangeiros, do urbano ao rural ou nos contextos de culturas religiosas distintas.

O reconhecimento da diversidade existente e a atuação de forma plural a partir da constatação das diferenças de classe social, de etnia, de idade, de local de moradia, de gênero, de religião ou de trajetória escolar permitirão abordar a complexidade sociocultural da sociedade atual. Ao se evitar pressupostos universalistas da experiência humana, serão abertos horizontes às identidades sociais e culturais particulares. Essa ação, simultaneamente, permitirá detectar as diferenças e agendas distintas que constroem diferentes coletivos sociais, a partir das experiências vividas. O embate com a falsa ideia de homogeneização elaborada pelo mercado facilitará a identificação, em cada momento e contexto concreto, das iniciativas de subjetividade coletiva que surgirão a partir do reconhecimento de identidades específicas.

O multiculturalismo

Usado como meta, conceito, atitude, estratégia e valor, o multiculturalismo aparece no centro das modificações demográficas das sociedades ocidentais. Vários países enfrentam movimentos migratórios e imigratórios e, simultaneamente, movimentos de conscientização racial e de gênero que culminam com a obrigação do enfrentamento de questões relativas à definição das funções das suas instituições sociais. Nessas nações, os valores constituídos em torno da sua abertura social e democrática sofrem questionamentos, sendo impossível passar despercebidas as intensas transformações culturais. Nesse contexto, os ocidentais chegam à conclusão de que o multiculturalismo representa sua condição de vida, que vivemos em uma sociedade multicultural.

Para Kincheloe e Steinberg (1999), existem muitas formas de responder à diversidade étnica, de classes socioeconômicas, de gênero, linguística, cultural, de preferência sexual, de idade, de deficiências. Geralmente, as respostas sofrem as influências dos interesses sociais, políticos e econômicos particulares. Nesse sentido, as relações de poder desempenham um importante papel, considerando sua atuação na configuração das formas pelas quais os indivíduos, organizações, grupos e instituições reagem à realidade multicultural. A natureza dessa resposta como campo do ensino denomina-se educação multicultural.

O debate atual sobre o multiculturalismo compreende um conjunto de posições diversas, identificadas e descritas por McLaren (1997): multiculturalismo conservador ou monoculturalismo, multiculturalismo liberal, multiculturalismo pluralista, multiculturalismo essencialista de esquerda e multiculturalismo crítico.

Embora essas categorias dificilmente se apresentem de forma pura, serão, a seguir, sucintamente descritas, pois sua compreensão permitirá uma tomada de posição em relação à proposição de uma educação física multicultural.

O multiculturalismo conservador ou monoculturalismo situa-se a favor da superioridade da cultura patriarcal ocidental, neste começo do século XXI, e, pode-se dizer, apresenta-se como uma forma de neocolonialismo, pois representa um novo reconhecimento da tradição colonialista. Apesar de a maior parte dos adeptos dessa postura tentar se esconder das acusações de racismo, sexismo ou preconceito de classe, eles culpam os que não se encaixam no perfil machista, branco e de classe média pelo atual estado de calamidade em que se encontra a sociedade. Segundo ótica multicultural conservadora, todos (diferentes e iguais) se beneficiariam, caso inclinassem às glórias da civilização ocidental.

Em sua nova manifestação monoculturalista, os neocolonizadores da cultura dominante atacam não só os movimentos de libertação, como também qualquer preocupação política ou institucional pelos efeitos do racismo, sexismo ou preconceitos de classe. Nesse contexto, os monoculturalistas tentam abortar o que consideram ataques multiculturais à identidade ocidental, desqualificando qualquer preocupação com a injustiça social e o sofrimento dos grupos marginalizados nas escolas e em outras instituições sociais.

Os indivíduos que aceitam o ponto de vista neocolonial normalmente consideram que as crianças negras e pobres possuem deficiências e colocam-nas em uma posição inferior às crianças brancas da classe média.

As alusões a essa inferioridade raramente são feitas em público de forma aberta e, sim, constituem-se em insinuações sobre os valores familiares e sobre o que constitui a forma ideal de ser, agir e pensar. Diante desse posicionamento, os valores familiares ideais adquirem natureza racial e classista, servindo para justificar e fundamentar posturas opressoras com relação aos que se encontram à margem, ainda que, presumivelmente, os pobres careçam de valores e, por isso, não conseguem ser bem-sucedidos e, portanto, a escola ideal é aquela em que predomina a classe média.

Embora se verifique que o aspecto essencial do multiculturalismo conservador é a possibilidade de absorver todos que são capazes de se adaptar às normas da classe média branca, o máximo que conseguiram foi calar as vozes dos oprimidos em razão da sua etnia, classe social ou gênero (McLaren, 1997 e Giroux, 1997).

Como política cultural, Pereira (2004) compreende que o multiculturalismo conservador aproxima-se da visão assimilacionista. Para a autora, isso implica um processo social conducente à eliminação das barreiras culturais entre populações pertencentes a minorias e à própria maioria. Por esse processo, os indivíduos pertencentes às minorias desfavorecidas adquirem os traços culturais do grupo dominante, ainda que isso exija a perda dos traços culturais originários. A escola e o currículo permanecem centrados nos padrões culturais dominantes e os saberes dos grupos minoritários são ignorados, porque se parte do pressuposto de que os alunos das minorias podem se integrar melhor na sociedade com uma imersão total e imediata na cultura da elite. A tolerância em relação às culturas minoritárias tem-se limitado aos aspectos que não afetam as bases sociais e ideológicas da maioria branca de classe média.

A visão assimilacionista pressupõe que as minorias e os grupos marginalizados não possuam os conhecimentos necessários para a sua inserção satisfatória na sociedade em geral e, em particular, no sistema econômico, estando, consequentemente, impossibilitados de melhorar suas condições de vida. Nesse raciocínio, não faz sentido que a escola promova a conservação dessas culturas minoritárias, sendo, pelo contrário, necessário dar-lhes oportunidades educativas no currículo existente, permitindo-lhes a inserção no sistema socioeconômico da cultura dominante.

A partir da teorização curricular elaborada por Neira e Nunes (2006), é possível identificar nos currículos ginástico e esportivista da educação física uma postura multicultural conservadora. As duas propostas defendem que os alunos se apropriem de conteúdos universais prioritariamente eleitos – os modelos ginásticos e algumas modalidades esportivas europeias e estadunidenses. As aulas do componente nessas concepções organizam-se com exercícios que conduzam os alunos à aquisição de determinadas habilidades consideradas fundamentais ao cidadão ideal. Conforme destacado pelos autores, tanto o currículo ginástico como o esportivista veiculam determinados valores, formas de ver o mundo e conhecimentos tidos como ideais a todos os homens e mulheres.

Os porta-vozes desse pensamento comumente se esquecem das posturas de resistência com as quais os alunos enfrentavam essas aulas (Fontana, 2001), inventando motivos para escapar delas como dores no corpo ou "atestados médicos" falsos, ausência de uniforme etc. A participação passiva da aula por uma parte do grupo significa simplesmente a sujeição àquela prática social, devido ao compartilhamento dos modos de entender o mundo e uma posse relativa daquele patrimônio cultural.

Por outro lado, alunos que não conseguem alcançar determinados patamares são consciente ou inconscientemente excluídos, pois, afinal, no modelo carencial da educação monoculturalista, os problemas estão no estudante. Esse enfoque faz que a consciência dos representantes das elites seja distanciada da realidade da pobreza, do sexismo, do racismo e dos seus efeitos no processo educacional. A análise de qualquer questão cultural a partir de um modelo monoculturalista implica o estudo dos problemas que causam o desvio social. Nessa forma de pensar, não existe a supremacia branca, o patriarcado ou o elitismo de classe e, consequentemente, não há necessidade de os representantes da cultura dominante examinarem o produto da sua própria consciência ou a natureza da sua condição privilegiada. Os homens, por exemplo, não consideram sua cumplicidade na marginalização patriarcal das mulheres nem tampouco examinam a competitividade, a despersonificação e a violência que muitas vezes acompanham a dominação patriarcal. Embora as sociedades ocidentais são superiores às demais, a última coisa de que necessitam é de uma reforma geral, visando à manutenção ou ao desenvolvimento das diferenças da linguagem, da postura perante o mundo ou dos costumes. A alegação dos monoculturalistas é que as diferenças criam divisões e impedem o único e melhor modo, para eles, de construir uma sociedade funcional, ou seja, pelo consenso. O modelo consensual fomenta o conceito de "cultura comum" que se concretiza, por exemplo, nos currículos unificados e tem sido amplamente defendido pelos setores conservadores da burocracia educacional (Apple, 2003). O consenso e a harmonia inseridos no apelo à cultura comum não passam de uma demonstração de isolamento cultural dos membros da cultura dominante, os quais não sentiram na própria pele as pontadas cotidianas da opressão.

Conforme McLaren (1997), uma segunda versão do multiculturalismo, a liberal, advoga que os indivíduos pertencentes a diversos grupos étnicos, classe social ou gênero compartilham igualdade natural e condição humana comum. Nessa perspectiva existe uma uniformidade intelectual que permite às diferentes pessoas, dentro de uma economia capitalista, competir em igualdade de condições na aquisição de recursos.

Os multiculturais liberais expressam a questão da uniformidade de forma quase utópica, baseando-se na crença de que no mundo existe somente uma etnia: a etnia humana. Na consecução das suas metas, essa crença na uniformidade levou os multiculturais liberais a aceitarem o axioma do daltonismo cultural.[2] ou seja, a invisibilidade das diferenças culturais. As ideias liberais sobre feminismo defendem que a mulher é igual ao homem e que é capaz de fazer a maioria das coisas que ele faz, o mesmo acontece com as questões étnicas. A razão da desigualdade das posições que ocupam os grupos étnicos não brancos está na falta de oportunidades sociais e educacionais necessárias para competir de forma igualitária na economia; não existem, portanto, as diferenças que os conservadores denominam "deficiências".

O multiculturalismo liberal alinha-se com a concepção integracionista alentada por Pereira (2004). O integracionismo defende uma escola em que as minorias têm liberdade para afirmar a própria identidade cultural: desde que não entre em conflito com a identidade cultural do grupo dominante, a identidade do diferente pode se expressar no âmbito particular. Trata-se de um pluralismo mitigado, expresso apenas na dimensão cultural. A integração cultural significa aceitação de aspectos da cultura da minoria que sejam ajustáveis à cultura dominante, mas com a rejeição dos aspectos dessa cultura que não sejam ajustáveis ou que, de alguma forma, possam ameaçar a cultura dominante.

Entre as propostas curriculares da educação física analisadas por Neira e Nunes (2006), podemos identificar nos currículos desenvol-

---

[2] Termo cunhado por Stoer e Cortesão (1999) e que indica uma postura insensível à heterogeneidade cultural.

vimentista, globalizante e saudável os pressupostos de uma visão multicultural liberal.

Os defensores do currículo desenvolvimentista entendem que, apesar das diferenças individuais resultantes de experiências motoras diversificadas e percursos maturacionais diferentes, todos podem alcançar os níveis elevados alusivos ao repertório motor característicos do cidadão ideal, desde que adequadamente estimulados pelo professor. Nessa concepção, as diferenças são diminuídas por meio de adequada ação pedagógica.

Já no currículo globalizante, as diferenças individuais são diminuídas, em função da aplicação de avaliações que visam identificar os níveis de desenvolvimento cognitivo, afetivo, social e psicomotor dos alunos, para que o professor melhor selecione e conduza as atividades de ensino que visarão ao alcance de níveis ideais nos vários domínios do comportamento humano.

No currículo saudável, a escola valoriza a aquisição e manutenção do modelo de saúde e do estilo de vida amplamente defendidos e divulgados pelas classes sociais média-alta e alta. Nas suas aulas, o professor informa os alunos sobre conceitos, atitudes e procedimentos necessários para a promoção de uma "vida ativa".

Ao desferir críticas ao multiculturalismo liberal, Kincheloe e Steinberg (1999) consideram que um interesse exclusivo pelas semelhanças humanas debilitará a ação democrática e justa de compreender as formas pelas quais a etnia, a classe social e o gênero instrumentalizam e estruturam experiências para os privilegiados e oprimidos.

O multiculturalismo liberal tem-se mostrado reacionário ao tratar do racismo, sexismo e preconceitos de classe ou ao empreender uma análise crítica das assimetrias de poder. Apesar de utilizar uma linguagem que transpira democracia e ética, é incapaz de fundamentar essas questões no reconhecimento de que o poder se distribui na sociedade de forma desigual, omitindo as forças que atingem as estruturas da democracia. Da mesma forma, os educadores com perfil liberal não compreendem que os grupos que exercem o poder (especialmente o empresariado) têm na atualidade uma influência sem precedentes na constituição da consciência e identidade individuais. No começo do século XXI, o poder ideológico está impactando violentamente a formação da subjetividade. Ao dar pouca importância às artimanhas do poder envolvendo a etnia, o gênero e a classe social, o multiculturalismo liberal acaba vendendo um currículo de relações humanas que apresenta como equivalentes o racismo do branco para as outras etnias e o racismo das outras etnias para os brancos. Tal postura não explica as relações étnicas de poder que permeiam o racismo branco; afinal, os grupos brancos nas sociedades ocidentais controlam uma quantidade bem maior de recursos e possuem bem mais prerrogativas de emprego e ascensão que os demais. Considerando esse aspecto, Giroux (1988) afirma que pouco importa se os negros odeiam os brancos. Entretanto, se os brancos odeiam os negros, isso pode influenciar na recusa em contratá-los ou promovê-los profissionalmente.

O simplismo político liberal provém da crença moderna de que a análise social e educacional pode se abster das relações de poder que envolvem o cotidiano. Por exemplo: Liston e Zeichner (1993) argumentam, em nome da pedagogia, que, na aula, o professor é um educador e, portanto, deve se distinguir do ativista político. Contudo, da mesma forma que outros educadores liberais, eles se esquecem de que a separação entre educação e política não é assim tão fácil, senão, vejamos: quais os critérios que o professor usa para selecionar um exemplo aos seus alunos ou como ele decide o que vai ensinar? Esses fatos contribuem para ilustrar as decisões políticas que os professores tomam todos os dias. Afinal, educação é um campo de luta e compromisso social.

Em muitas obras, os autores liberais propõem que os educadores atuem no sentido de estimular a expressão, a autonomia e a formação da identidade. Não se pode esquecer que todos esses aspectos se constroem assimilando e negando múltiplas construções ideológicas antagônicas. Quais formas de expressão os professores devem recomendar? Quais identidades devem estimular? Em que momento os professores devem propor situações para o desenvolvimento da autonomia? Como se pode ver, essas questões tratam de decisões sobretudo políticas. Para Kincheloe e Steinberg (1999), ao glorificar a neutralidade, as posições liberais acompanham o senso comum, pois aceitam, sem qualquer dúvida, a separação entre a moralidade e a política. Essa cisão reflete a racionalização da política, entendendo-a como um terreno que não sofre influência ética ou moral e, portanto, não se mistura com a educação.

Quando o multiculturalismo liberal se envolve com essa pseudopolitização, coloca-se como responsável pelo cumprimento de determinados objetivos hegemônicos. Se os educadores pretendem alcançar êxito em seus questionamentos às diversas manifestações racistas, elitistas e patriarcais, terão de expor a cegueira racionalista do multiculturalismo liberal às abundantes formas de dominação sofridas pelas comunidades não brancas, pelos pobres e pelas mulheres na cultura ocidental contemporânea (McLaren, 2000b).

Outra versão do multiculturalismo que também opera na lógica da regulação e que tende à descontextualização sociocultural das questões de classe social, etnia e gênero sem questionar as posturas eurocentristas é o pluralismo. Como reflexo do imaginário multicultural em parcela dos educadores, a versão pluralista do multiculturalismo geralmente agrega a etnia, o gênero, a linguagem, a cultura, as deficiências e, em menor grau, a preferência sexual, no seu firme propósito de proclamar a diversidade humana e a igualdade de oportunidades.

Quando se destacam as diferenças de etnia e gênero, os multiculturais pluralistas afirmam que isso não afeta seriamente as narrativas ocidentais dominantes. Tomando como referência as identidades políticas surgidas nas sociedades ocidentais a partir dos movimentos de libertação dos anos 1960, os partidários do pluralismo alegam que a democracia não abarca somente o interesse pelos direitos de todos os cidadãos como também a história e a cultura de grupos tradicionalmente marginalizados. Sob esse manto, o pluralismo se converte em uma virtude social suprema, sobretudo na perspectiva pós-moderna, na qual a globalização e o neoliberalismo empurram a comunidade para uma cultura mundial, única e uniforme. Nesse campo, a diversidade se converte em algo intrinsecamente valioso e desejável, até o ponto da atribuição de um caráter exótico e fetichista. O currículo resultante insiste em ensinar que não se deve ter preconceitos com o Outro. A educação diversificada do multiculturalismo pluralista advoga o ensino dos conhecimentos, valores, crenças e padrões de conduta característicos dos distintos grupos.

Nos currículos pluralistas da educação física, por exemplo, os alunos participam de jogos tradicionais, esportes de outras culturas, de danças de outras épocas e também aprendem que existe a injustiça social, como é o caso, por exemplo, das mulheres ou homens que recebem apelidos preconceituosos "só porque não se adaptam aos cânones sexistas socialmente dominantes".

O multiculturalismo pluralista requer, em nome da diversidade, que os estudantes adquiram uma "alfabetização multicultural". Essa alfabetização daria aos homens e mulheres da cultura dominante a habilidade necessária para atuar com êxito em subculturas ou em situações culturalmente diferentes. Ao mesmo tempo, alunos de origens culturais diferentes aprenderiam a atuar dentro da cultura principal, habilidade que, segundo os multiculturais pluralistas, é essencial para conquistar igualdade nas oportunidades no campo econômico e educacional. Outro passo pluralista importante, nesse propósito de ajudar as mulheres dos grupos minoritários no alcance da igualdade de oportunidades, consiste em estimular o orgulho por suas tradições e pelas próprias diferenças culturais. Muitos professores possuidores dessa visão desenvolvem discussões sobre os lugares de origem das famílias dos alunos, suas tradições e seus costumes. Articulados a isso, pedem que os estudantes pesquisem sobre as danças ou jogos típicos daqueles lugares, para depois relatá-las ao grande grupo. Por vezes, recorrem a projetos específicos, agrupando os alunos por temas, como: a capoeira, a dança do povo "x", as brincadeiras infantis das meninas etc., e comumente referem-se aos sucessos alcançados por representantes dos grupos objetos de estudo no campo esportivo ou na vida econômica – jogadores de futebol famosos que nasceram nas favelas, ginastas famosas afrodescendentes etc. Deixando-se levar pela falácia da descontextualização sociopolítica, muitas vezes os pluralistas dão a entender, com essas atividades, que qualquer um pode conseguir o que se proponha, contanto que trabalhe arduamente e com muita vontade. Infelizmente, o orgulho pelo próprio patrimônio cultural não é a panaceia para tantos anos de opressão. Nesse aspecto, o multiculturalismo pluralista promete uma emancipação que não pode desencadear, já que confunde a afirmação psicológica com a faculdade política (McLaren, 2000b e Yudice, 2006).

Entre as propostas curriculares da educação física descritas por Neira e Nunes (2006), é possível identificar posturas multiculturais pluralistas, por exemplo, nos Parâmetros Curriculares Nacionais (Brasil, 1997 e 1998). Entre outras características, essas propostas destacam a importância de atender à diversidade cultural e mencionam como princípio a inclusão de todos os alunos nas aulas e a valorização da cultura corporal dos variados grupos que compõem a sociedade brasileira. As mesmas características podem ser identificadas na educação física plural, defendida por Daolio (1995), em virtude da crença de que a atenção do professor às diferenças individuais e a modificação nos métodos de ensino permitirão a inclusão de todos. Tanto os PCN como a proposta plural entendem que a participação dos alunos se dará pela alteração nas formas de ensinar, porém, em momento algum, questionam o que deve ser ensinado, nem o porquê. Ambas pregam a tolerância. Tolerar, aqui, pressupõe evitar o conflito, evitar o contato com a construção política-histórica da diferença.

Conforme Kincheloe e Steinberg (1999), o processo de psicologização e a tendência à despolitização transformaram-se na obsessão do multiculturalismo pluralista. Esse espírito absorveu uma generosa dose de relativismo moral, abortando qualquer ação politicamente fundamentada para a consecução da justiça social. Nesse sentido, o multiculturalismo pluralista degenera em uma atitude acadêmica que provoca respeitabilidade intelectual, deixando intacto o *status quo* da desigualdade. Uma característica desse processo é a atitude reacionária ao abordar as diferenças de classe de um ponto de vista socioeconômico. Simultaneamente ao fortalecimento do multiculturalismo pluralista, aumenta a disparidade econômica entre pobres e ricos, e os recursos materiais das minorias encolhem. Enquanto isso, o multiculturalismo pluralista contribui para criar a impressão de uma mobilidade socioeconômica ascendente para mulheres, afrodescendentes e migrantes. Proliferaram tanto as representações inclusivas do pluralismo na opinião de Apple (2003), que muitos homens brancos de classe média acreditam que, agora, são eles as vítimas da discriminação racial e de gênero.

A valorização pluralista da diferença, somada à comercialização proposta pelo neoliberalismo do estrangeirismo multicultural, contribuiu para o aumento da visibilidade de "indivíduos" pertencentes aos grupos minoritários – produções televisivas enfeitadas pelo *merchandising social* (novelas e minisséries) e acontecimentos, como os desfiles de moda, o carnaval, a exaltação dos esportistas e artistas etc. Uma nova lógica multicultural está surgindo no interior dessa configuração social, em que se alcançou certa paridade na representação simbólica do Outro, ao mesmo tempo que cresceu a disparidade na distribuição da riqueza. Uma vez mais a etnia foi alocada na esfera privada, pouco ou nada se relacionando com a dinâmica estrutural do patriarcado ou com o elitismo de classe. "A lógica multicultural pluralista é incapaz de perceber as relações de poder que existem entre a construção da identidade, as representações culturais e as lutas por recursos. Somente com essa conjugação, as escolas e universidades estarão à disposição para rever seu histórico papel de racionalizadoras da conduta dos privilegiados e de acobertadoras dos métodos que a hegemonia utiliza para configurar o modo de evolução da ordem social" (Yudice, 2006). Ingenuamente, os pluralistas criticam a produção de massa em detrimento do consumo diferenciado, reforçando o tom pós-moderno das relações sociais.

O multiculturalismo pluralista se dedica a elogiar as diferenças em um momento em que os assuntos mais importantes e que afetam aos grupos minoritários nem sequer são pensados pelos representantes da elite socioeconômica. Quando se fala em violência e pobreza, sem mencionar as relações de poder da estrutura social, o pluralismo se converte em um exercício trivial que não chega a tocar nas causas das diferenças.

Em propostas curriculares multiculturais pluralistas, como os Parâmetros Curriculares Nacionais, por exemplo, são apresentados objetivos e conteúdos e orientações didáticas idênticos a todos os brasileiros. Dessa forma, desenvolve-se uma dinâmica que atribui aos grupos minoritários os mesmos valores que os destinados à classe média, como se vivessem nos mesmos universos culturais e possuíssem exatamente as mesmas histórias de vida. Tal qual o multiculturalismo liberal, para os pluralistas, todos os grupos são ideologicamente idênticos, com a exceção de que, no multiculturalismo pluralista, alguns grupos possuem poucos hábitos, únicos e formados por experiências específicas, mas não muito diferentes.

Uma visão pluralista bem presente nos currículos de educação física pode ser identificada na atribuição de atividades paralelas aos alunos com necessidades especiais de educação. Infelizmente, o que se vê em inúmeras escolas é que durante as aulas em que seus colegas jogam, dançam ou praticam esportes, o aluno permanece anotando os resultados ou apitando os jogos. Ao se analisar tais procedimentos à luz da teorização multicultural, nota-se que a aula foi pensada para alunos que não apresentam dificuldades. O contrário também é verdadeiro: observa-se esse fato quando o professor cria uma prática adaptada para a inclusão, segundo a sua lógica superior e dominante, o que proporciona um clima de "pena" e "dó". Sob o manto da pluralidade, o professor rejeita qualquer possibilidade de participação coletiva na solução desse problema e resguarda para o Outro uma participação marginal, com a camuflagem da inclusão.

Enquadram-se aqui também as aulas divididas por sexo, as distribuídas por modalidades à escolha dos alunos e aquelas em que ocorre a negociação entre professor e alunos: ora uma aula-atividade escolhida por eles, ora a aula programada pelo professor. Nesses casos, pode-se perceber uma perspectiva de participação seccionada, em que, cada um faz o seu, mas todos estão fazendo algo. Grupos diferentes não se encontram e, portanto, não surgem embates nem motivos para que os currículos sejam questionados e reconfigurados.

Nesse contexto pós-colonial, o multiculturalismo pluralista, da mesma forma que o liberal, pode ser apropriado, do ponto de vista hegemônico. Sem fundamentação teórica, seu desejo pela inclusão dos culturalmente diferentes pode ajudar a mantê-los em posição de desvantagem. Por exemplo: escolas com maiores recursos convidam um "representante" dos povos indígenas para que palestre sobre sua cultura mediante remuneração. Após a apresentação de algumas pinturas corporais, lendas ou músicas, as crianças ficam chocadas quando ele veste sua calça *jeans*, sua camisa polo e vai embora. Vemos, portanto, que o currículo pluralista promove um "turismo cultural" incapaz de abordar ou compreender as duras realidades de subordinação da etnia, classe social e gênero dado que concebe a diferença fora de um contexto histórico, cultural e de poder, trivializa a dura realidade do Outro e o relega a um submundo politicamente isolado, ou seja: esse pluralismo multicultural extirpa a diferença, transformando-a em diversidade inócua.

Outra versão do multiculturalismo para McLaren (1997) é o essencialista de esquerda. Por essencialismo se entende a crença em um conjunto de propriedades inalteradas que estruturam uma categoria particular. Com frequência, essa postura não é capaz de apreciar o lugar que ocupam as diferenças culturais. Se examinarmos o conceito de identidade com a lente da história, compreenderemos que, mesmo importantíssimos, a etnia e o gênero não são as categorias mais rudimentares das experiências humanas. Distintos períodos históricos produzem diversas categorias em torno das quais se pode formar a identidade. O argumento principal a favor desse posicionamento explica que a formação da identidade é social e se modifica constantemente, relacionando-se com outras formações ideológicas instáveis e difusas. Essa dinâmica não é reconhecida pelos essencialistas, isto é, a noção pós-estruturalista que os significantes, os signos e as circunstâncias materiais que eles ajudam a construir estabelecem-se apenas temporalmente.

Nesse sentido, não é de surpreender que uma identidade racialmente fundamentada seja um fenômeno recente e que o significado do conceito de etnia tenha se modificado profundamente de uma época para outra e de um lugar para o outro. Neste início do século XXI, o significado de etnia precisa ser discutido, já que diversos autores afirmam que nenhuma teoria racial pode ignorar os contextos ideológicos e sociais que contribuíram para sua formulação. Em virtude disso, a teorização crítica desconsidera as noções simples e estáticas da identidade. Tomando consciência da natureza eclética das culturas limítrofes, os estudiosos críticos repartem determinadas categorias étnicas, forçando, com isso, uma análise mais complexa da identidade cultural. Ao estudar esses espaços culturais (zonas limítrofes) em uma sociedade cada vez mais mundializada e ocidentalizada, em que colidem diversas culturas, os analistas estão mais bem equipados para evitar a rigidez do multiculturalismo essencialista e para explorar os novos conceitos da formação identitária. Uma das formas elaboradas para se opor ao essencialismo foi a construção do conceito de *mestizaje* (mestiçagem).

Para McLaren (2000a), o *mestizaje* centra-se sobre a natureza reciprocamente construída e em constante evolução de todas as identidades étnicas. Contrariamente à concepção de assimilação de todas as etnias pela condição hegemônica da cultura branca, o *mestizaje* enfatiza a forma como todas as culturas se modificam ao se misturarem.

Os essencialistas se definem em torno da sua autenticidade como cristãos brancos (no sentido direitista) ou como afrodescendentes adeptos do afrocentrismo (no sentido esquerdista). Os pensadores multiculturais essencialistas de esquerda normalmente associam a diferença com um passado histórico de autenticidade cultural, na qual se desenvolveu a essência de determinada identidade, essência que supera as forças históricas, do contexto social e do poder. Para Apple (2003), essas essências podem chegar a ser completamente autoritárias, quando construídas ao redor do romantismo de uma época, de um orgulho nacionalista e de um entendimento de pureza que negam as complicações de eixos rivais de identidade e poder, como a linguagem, a preferência sexual, a religião, o gênero, a etnia e a classe social. Esses fatores invariavelmente criam diversas modalidades de experiência dos indivíduos dentro de qualquer categoria essencializada.

Como referências curriculares da educação física que sofrem a influência de correntes multiculturais essencialistas de esquerda, encontram-se as propostas crítico-superadoras de Soares et tal. (1992) e crítico-emancipatórias de Kunz (1994 e 1998). Ambas as concepções desenvolvem perspectivas curriculares cujas ações pedagógicas (seleção de objetivos, métodos e avaliação) se encontram submersas em categorias essencialistas – de classe social no primeiro caso e de linguagem, no segundo. Os autores do currículo crítico-superador consideram que determinadas manifestações culturais encontram-se contaminadas pela influência capitalista, transformando todos os alunos de educação física em vítimas passivas dos seus objetivos e métodos. O professor, nesse caso, é estimulado a esmiuçar a lógica capitalista implícita, por exemplo, nos esportes. Já os defensores da perspectiva crítico-emancipatória concebem as manifestações da cultura corporal como forma de expressão de determinados significados e significantes estruturais. Tal proposta entende que, para os alunos se apropriar desses elementos, o professor deve promover novos espaços de diálogo corporal, nos quais os alunos construirão a própria linguagem, para tornar possível a vivência daquela manifestação.

Analisando as duas propostas à luz da teorização multicultural, pode-se notar que ambas consideram rígidas as categorias de classe em um caso, e de linguagem, no outro. Nenhuma proposta habilita-se a verificar a transformação desses elementos conforme o contexto sócio-histórico, nem tampouco considera como esferas relevantes aos seus projetos educacionais as condições de gênero e etnia.

A tendência essencialista ao romantismo produz certa classe de superioridade moral entre os membros do grupo que, às vezes, se traduz em uma forma de produção de conhecimento que simplifica a complexidade histórica, como é o caso do currículo crítico superador da educação física. Entretanto, em certos contextos acadêmicos, o multiculturalismo essencialista simplesmente reproduz o cânon tradicional, ao criar uma dualidade invertida: a cultura dominante é ruim e a cultura dominada é boa e focada apenas na perspectiva de classe. A procura essencialista da autenticidade na identidade e na história conduz a privilégios da identidade como fundamento da autoridade política e epistemológica. Esse fundamento leva a um caos no grupo, uma vez que a natureza múltipla e ambígua de qualquer processo de formação de identidade dá lugar a lutas sobre qual articulação de identidade é verdadeiramente autêntica.

Essa desordem autoritária não considera o que exatamente constitui um grupo. Por isso, convém deixar espaços para que um grupo, quer seja caracterizado preferencialmente pela etnia, quer pela classe social ou gênero, possa discutir as múltiplas articulações das identidades dos seus membros com relação a uma concepção descentralizada do próprio grupo. Dessa forma, debilita-se a essência romântica e se desmobiliza o autoritarismo que a acompanha (Young, 1992).

Na sua valorização de poder de identidade, os autores multiculturais essencialistas reconhecem com frequência que só as pessoas autenticamente oprimidas possuem influência moral. Esse "privilégio de opressão" caracteriza a pessoa subordinada como portadora de um conjunto particular de experiências naturais e a única autorizada a fazer determinadas críticas. Essa política de posicionamento baseia a verdade na identidade e concede a um conjunto não investigado de experiências autênticas o privilégio de ser o fundamento da autoridade epistemológica.

Em contraposição a essa postura, Kincheloe e Steinberg (1999), mesmo conscientes das limitações de uma política de posicionamento, endossam a necessidade de que os indivíduos pertencentes a grupos privilegiados sejam sensíveis às diferenças de poder, quando interatuam com pessoas procedentes de grupos oprimidos. Por exemplo: um diretor ou diretora deve ter cuidado ao conversar com os professores para não invocar seu privilégio funcional e falar-lhes com suficiência ou falar por eles. Uma atenção semelhante deve permear a ação docente, quando se referir aos alunos. Sobre a base de privilégio da opressão, muitos professores multiculturais essencialistas simplesmente transferem aos estudantes um conjunto não problemático de dados autênticos, transformando sua prática pedagógica em um embate permanentemente tenso perante as concepções de mundo dos estudantes. Tal ação aproxima-se do doutrinamento, considerando que, em uma sociedade democrática, essa postura pedagógica reflete arrogância didática. A atividade educativa pode-se adjetivar como crítica somente se os estudantes tiverem a oportunidade de examinar várias perspectivas, refletir sobre as condições de opressão a elas subjacentes e buscar e propor alternativas para superá-las (Neira e Nunes, 2006).

Os limites do multiculturalismo essencialista são bem visíveis na tendência dos seus defensores de dirigir a atenção a somente uma forma de opressão considerada fundamental para determinados grupos: certas feministas radicais veem no gênero a forma essencial de opressão, alguns estudos étnicos dão primazia à etnia, e os marxistas ortodoxos centram-se na classe social.

O estudo das várias formas de desigualdade e de como a opressão se constitui por meio de uma rede de entrecruzamentos é considerado pelos multiculturais essencialistas como um desvio do que é importante e do que é central na análise cultural. Essa postura impossibilita aos essencialistas de esquerda articularem uma visão democrática que tenha sentido para ampla gama de indivíduos e grupos. Em vez de lutar pela articulação e atuar sobre a base de uma política democrática, segundo Kincheloe e Steinberg (1999), os distintos grupos de identidade que constituem os campos de ação do multiculturalismo essencialista vêm se enfrentando para legitimar qual deles pode reclamar maior vitimismo e mais alto privilégio de opressão.

Desse modo, McLaren (1997) explica que o multiculturalismo essencialista está mais envolvido com sua autoafirmação do que com a formação de alianças democráticas estratégicas em favor da justiça

CAPÍTULO 3   Sociedade, Multiculturalismo e Educação Física

social. Essa afirmativa precisa ser bem entendida. Todos os grupos minoritários que compõem a sociedade são extremamente importantes e sobre eles convém pesquisar e estudar muito, justamente para que se lhes possa oferecer excelentes oportunidades de ensino. O mais interessante, no entanto, é a vontade que cada grupo identitário tem de projetar seu interesse para as alianças com outros grupos e a formação de coalizões mais amplas, que promovam uma democracia integradora nos campos político, cultural e econômico. Para Apple (1999) e McLaren (2000a), essa ação democrática supõe a inserção de uma consciência de classe em todas as atividades baseadas na identidade. Quando a política de identidade opera de forma acrítica, no que tange à solidariedade democrática, corre o risco de limitar-se a uma centralidade grupal fragmentada e essencialista.

É precisamente essa centralidade de grupo que, segundo Kincheloe e Steinberg (1999), leva o multiculturalismo essencialista a excluir os estranhos ou aos que, mesmo simpatizantes pela causa e moralmente comprometidos, não são membros. Ao mesmo tempo, essa política de autenticidade permite aos não simpatizantes exigir respeito pelas suas crenças e atividades antidemocráticas relativas a etnia, classe social e gênero. Contudo, felizmente, grupos identitários que se contrapõem ao multiculturalismo essencialista perceberam que uma noção essencializada de identidade não é suficiente como fundamento dos movimentos democráticos ou reivindicadores de justiça. Por essa razão, é visível a composição de alianças envolvendo distintos grupos do ponto de vista identitário, mas semelhantes na sua condição de oprimidos.

É o caso dos movimentos recentes ocorridos na cidade de São Paulo, envolvendo educadores do Ensino Fundamental, professores universitários, funcionários das universidades e alunos de todos os níveis em prol da não diminuição do percentual de impostos destinados à educação. Para situar um exemplo desse fenômeno no âmbito da cultura corporal, basta mencionar, conforme o relatado no Projeto Futebol Soçaite, que, à época da constituição daquela manifestação, grupos diferentes se reuniram (membros da elite carioca e ex-jogadores "empobrecidos"), mas, apesar da diferença nas posições sociais, o produto final é fruto da colaboração entre os diferentes.

Críticas às perspectivas multiculturais

O modelo assimilacionista, promovido pelo multiculturalismo conservador, revelou-se incapaz de atingir os objetivos de integração econômica e social, dado que as oportunidades de sucesso educativo dos jovens das minorias são muito reduzidas, uma vez que tanto o currículo escolar como as estruturas do sistema ajustam-se aos alunos do grupo dominante.

Por mais estranho que pareça, Pereira (2004) constata atitudes de adesão a esse modelo por parte dos professores, que são devidas a vários fatores, dos quais se salienta o fato de a maioria dos educadores se identificar com os pressupostos assimilacionistas e a prática pedagógica subjacente não requerer alterações significativas em relação às práticas pedagógicas tradicionais.

Cardoso (1996), ao discutir os efeitos educacionais dessa visão, afirma que, por causa de seu caráter monocultural ou etnocêntrico, esse modelo não resolve os problemas das minorias desfavorecidas. Quando esses alunos revelam insucesso escolar, o fato é comumente atribuído a dificuldades linguísticas, cognitivas ou a desajustes culturais, não se questionando o modo como o currículo está organizado ou por que a escola não corresponde às características desses alunos. O que se nota é a intensificação de programas de remediação que pretendem compensar as desvantagens existentes, compatibilizando as crianças com a escola ou preparando-as para uma rápida entrada no mercado de trabalho.

Na opinião de McLaren (1999), os educadores multiculturais pluralistas e essencialistas de esquerda fracassaram ao enfrentar as perigosas pretensões dos monoculturalistas. As razões do seu insucesso vão desde a imitação que fizeram nas suas críticas ao racismo até seus próprios posicionamentos, mesmo que, historicamente, tenham chamado para eles a autoria da crítica antirracista e, ao se

CAPÍTULO 3 Sociedade, Multiculturalismo e Educação Física

afastar das críticas ao capital, permaneceram unicamente no campo das palavras. Em função disso, o multiculturalismo serviu muitas vezes de cimento para um consenso do sistema e para a apologia neoliberal. Essa apologia forçou as pessoas a se integrarem no mercado de trabalho global de uma sociedade consumista em busca do próprio benefício.

A ênfase dada às subjetividades múltiplas resultante da crítica à singularidade, à autonomia e à identidade conduziu à procura pelas teorias do construtivismo social, embora um tanto incapazes de localizar sua posição na corrente do capitalismo contemporâneo. No interior de algumas correntes do multiculturalismo, a autorreflexão converteu-se em uma histórica impossibilidade que sofre para adquirir significado. Entretanto, algumas formas superficiais da teoria pós-moderna relativizam a opressão, caracterizando-a como um sentimento subjetivo e reduzido a práticas comunicativas extraídas de amplas estruturas sociais e econômicas. Semelhantemente, parece que há uma falta geral de conscientização quanto ao não sincronismo da etnia, classe social e gênero sincrônicos e seu constante entrecruzamento por vetores de privilégio e relações de desigualdade, estando, por conseguinte, construídos por uma materialidade de forças. Para McLaren (1999), no Estado-nação, a etnia, a classe social e o gênero foram sublimados pela economia simbólica da cultura nacional, que construiu uma comunidade artificial na qual foram submetidos a um tratamento de acomodação, sendo tratados por associações voluntárias, manifestações com significado cultural e negociações que buscam o consenso dos discursos, sem considerar que suas construções encontram-se inspiradas por relações de poder e relações sociais de produção e reprodução, ou seja, existem como relações estruturais e hierárquicas dependentes e reproduzidas, em benefício dos mais favorecidos, pela atual divisão social do trabalho. O multiculturalismo liberal assegura, dessa forma, a contínua exploração das comunidades negras e pobres. Como exemplo, vale mencionar o caso de algumas ONGs ligadas às práticas corporais (escolinhas de futebol, balé e outras danças) que, sob o discurso de oportunidades iguais a todos, oferecem-nas aos membros das comunidades subordinadas, para que vivenciem e aprendam as manifestações da cultura hegemônica.

No mesmo sentido, Apple (1998) denuncia os "freireanos", que compõem a indústria de Paulo Freire. Com isso, acusa certos autores que utilizam Freire, como pessoa e escritor, como parte de estratégias de mobilidade social no meio acadêmico. Empenham-se na recolha de capital social e cultural que esperam um dia converter em capital econômico, por meio de maior prestígio e de progresso na carreira. Por conta disso, os membros da nova classe média no meio universitário resolvem suas contradições de classe escrevendo de forma elaboradamente abstrata, mas convenientemente "política", sendo vistos como membros de uma comunidade "crítica" de acadêmicos os quais, olhados do exterior, parecem ser parte do círculo íntimo de iniciados em Freire; contudo, o seu trabalho político consiste apenas em escrever sonantes palavras políticas em uma página.

No plano educativo, essa visão integracionista evoca o conhecimento e o respeito pelas diferenças culturais, de modo a combater preconceitos, a promover o autoconceito e a autoestima dos alunos pertencentes aos grupos marginalizados, preparando-os para a vida em uma sociedade multicultural. Tome-se como exemplo os discursos dos professores de educação física sobre o caráter integrador e construtor de autoestima por meio do esporte.

Em virtude da sua filosofia liberal, a crença na modificação da sociedade pela integração das minorias deu origens a algumas mudanças no discurso político educacional brasileiro, que passou a incluir princípios multiculturais e a recomendar práticas de educação multiculturais, dentre as quais destaca-se, por exemplo, a obrigatoriedade da inclusão da cultura africana nos currículos do Ensino Fundamental com a intenção de atenuar a relação de superioridade eurocêntrica, ainda presente nos currículos escolares. Relativamente aos professores, espera-se que adquiram conhecimentos sobre a diversidade cultural dos seus alunos e que desenvolvam formas para planificar e implementar as atividades, tendo em conta a diversidade existente.

CAPÍTULO 3   Sociedade, Multiculturalismo e Educação Física

Mediante intensos elogios à diversidade, os agentes multiculturais liberais modificaram a especificidade contextual da diferença e reciclaram o colonialismo sob uma aparência democrática.

Demonstrando vontade de absolvição étnica, com frequência, ouvem-se discursos que apresentam as minorias asiáticas como modelo de esforço pessoal e propensas ao sucesso material. Para McLaren, tais ações jogam palha ao fogo, avivando a rivalidade interétnica baseada no individualismo competitivo e êxito pessoal.

Como consequência disso, fortalece-se o mito da meritocracia pela suposição que qualquer integrante de qualquer grupo tem as mesmas possibilidades de converter-se em minoria-modelo, desde que se ajuste ao consenso social. Por outro lado, a premissa essencialista a respeito da incapacidade produtiva de outros grupos reforça-se. Essa perspectiva situa em segundo plano as relações assimétricas de poder, já que a questão de etnia se purifica com antagonismos de classe e relações capitalistas de produção, enquanto a comunicação interétnica se converte no terreno sobre o qual as relações étnicas são determinadas, isto é, no amplo campo das relações sociais.

Um impacto direto do multiculturalismo liberal pode ser identificado pela crescente rejeição às ações afirmativas. Os argumentos conservadores divulgam não somente um tratamento diferencial das minorias, constituindo, então, o "racismo inverso", como também conduzem a uma postura de vitimização na qual se reproduz a impotência entre as mulheres e as comunidades negras, por exemplo. Pois bem, essa linha de argumentação omite o fato de que alguns programas sociais em funcionamento foram elaborados à custa do aumento de impostos para a classe média e não com base no aumento da produtividade interna. Dessa maneira, a responsabilidade pelo arrocho fiscal ao qual principalmente essa classe foi submetida (branca, proprietária de imóvel, detentora de empregos bons e de diploma universitário), recai sobre a população desprovida de recursos materiais e receptora dos parcos recursos advindos dos referidos programas.

Para Apple (2003), os constantes ataques às ações afirmativas – por exemplo, críticas sobre a falta de eficácia de alguns programas sociais – omitem a crescente insegurança experimentada pelos homens brancos e escolarizados da classe média decorrente do aumento da concorrência com os outros grupos pelos melhores postos no mercado de trabalho. Contudo, como McLaren (2000a) assevera, os direitos dos antigos e novos prejudicados não são iguais, seja qual for o modelo de justiça aplicado. Também observa que o multiculturalismo deve se associar a um ajuste estrutural e a um crescente desenvolvimento patrimonial dos grupos com rendimentos inferiores. Sem redistribuição econômica, o crescimento econômico propicia formações preconceituosas.

Muitos países ocidentais negam a influência dos integrantes das minorias, mas beneficiam-se das suas contribuições, naturalizando-as como próprias. Simultaneamente à absorção das contribuições dos grupos minoritários, a cultura dominante apresenta-se como a ordem social à qual todos são convidados a se adaptar. Porém, o preço dessa admissão, para McLaren (2000a), é moralmente repugnante e historicamente errôneo, uma vez que os representantes da elite dominante se consideram proprietários de uma cultura transformada pelas contribuições dos grupos oprimidos.

É possível identificar esse fenômeno no atual comércio de imagens promovido pela mídia sobre a "indústria" do circo. Historicamente, essa prática social esteve restrita às camadas mais humildes da população, basicamente organizadas em famílias circenses que nas suas apresentações amparavam alguns dos excluídos da sociedade: funâmbulos,[3] deformados, portadores de deficiências, enfim, os considerados diferentes pela cultura hegemônica. Entretanto, recentemente, tem-se observado "outro" circo, transformado pelo poder econômico e midiático em um espetáculo de grandes dimensões e altamente lucrativo. Os laços originais circenses transmitidos de geração a geração foram absolutamente desfeitos, pois os artistas do novo circo são atletas, bailarinos, coreógrafos, artistas com formação profissional, possuidores de níveis elevados de preparação e originários

---

[3] Artistas populares que percorriam as cidades com apresentações de equilíbrio.

dos setores médios da sociedade que, mediante contrato, comercializam suas habilidades maquiadas por recursos tecnológicos de última geração. Com isso, embora a arte circense tenha nascido no seio da cultura subordinada, hoje, praticamente ela se encontra em poder e submetida ao desfrute dos que podem dispor de elevados recursos não somente para assistir aos espetáculos, como também para compor seus quadros artísticos.

Esse apanhado geral sobre as concepções do multiculturalismo conservador, liberal, pluralista e essencialista de esquerda permite perceber as várias vertentes que têm caracterizado o assunto. No que diz respeito à educação, autores como Stoer e Cortesão (1999), e Pacheco (2000) unem-se a McLaren na crítica às propostas apresentadas, com o argumento de que não se pode promover a igualdade recorrendo apenas a práticas baseadas em currículos que expressem as diversidades culturais e estilos de vida dos grupos constituintes da sociedade.

O multiculturalismo crítico como alternativa

Como alternativa às ideias apresentadas, os educadores envolvidos com as questões multiculturais têm alentado outra concepção de multiculturalismo que centraliza a problemática da reprodução da hegemonia capitalista, da globalização das relações sociais de produção das comunidades regionais, como constituintes de subjetividades e instrumentalizações. Em outras palavras, o multiculturalismo, considerando a desorganização contemporânea do capitalismo, deve se comprometer tanto local e/ou regional como mundialmente com a transformação. Esse posicionamento foi denominado "multiculturalismo crítico".

A educação multicultural teve sua gênese nos anos 1960, como produto de movimentos reivindicatórios aos direitos civis, como a liberdade, a participação política e a igualdade econômica, por parte de professores e pais que se alinharam às lutas sociais de grupos étnicos sitiados e combatidos durante o conflituoso processo de integração social ocorrido nos Estados Unidos. A educação multicultural deve seu histórico, em parte, aos movimentos ativistas afro-americanos e do seu envolvimento com os problemas educacionais, entre eles, o currículo. Hoje, ela se multiplicou de tal forma que agora inclui a participação dos ásio-americanos, ameríndios, latino-americanos, grupos homossexuais, movimento feminista e outras comunidades e minorias. O termo é originário do prefixo **multi**, adotado para abraçar diversos grupos, e da expressão **cultura** – em vez de racismo –, para que o público de educadores brancos pudesse ouvi-los.

Trabalhando a partir das ideias de McLaren (1997), Kincheloe e Steinberg (1999) aprofundaram e expandiram a conceitualização sobre o multiculturalismo crítico. A tradição crítica que fundamenta as ideias de Kincheloe e Steinberg procede da teorização formulada pela Escola de Frankfurt cujos teóricos Theodor Adorno, Walter Benjamin, Leo Lowenthal e Herber Marcuse centraram suas análises da sociedade no poder e dominação dentro do marco de uma era moderna e industrializada. Resumidamente, a teoria crítica está particularmente interessada em saber de que modo se produz a dominação, ou seja, como se configuram as relações humanas nos lugares de trabalho, nas escolas e na vida cotidiana. Os teóricos críticos procuram conscientizar o indivíduo como ser social. A pessoa que alcançar essa conscientização estará disposta a compreender como e por que suas opiniões políticas, sua classe socioeconômica, seu papel na vida, suas crenças religiosas, suas relações de gênero e sua imagem racial estão configurados pelas perspectivas dominantes.

Dessa forma, Kincheloe e Steinberg (1999) acreditam que a teoria crítica fomenta a autorreflexão, a qual favorece as mudanças de perspectiva. Homens e mulheres conhecem-se a si próprios tornando consciente o processo pelo qual se formaram seus pontos de vista. Uma vez alcançada a prática da autorreflexão, podem se estabelecer estratégias para enfrentar as questões individuais e negociar os aspectos sociais. A teoria crítica assinala que essas estratégias não são regras. Em seu lugar, desenvolve-se uma série de princípios em torno dos quais se analisam e discutem possíveis ações. Os multiculturalistas não familiarizados com a teoria crítica não sabem ao certo que tipo de ações realizar após as suas análises. Isso pode ser bastante frustrante para os formados no seio da tradição moderna e que, por conseguinte, estão acostumados a dispor de um conjunto específico de procedimentos que guiam suas ações. Pedagogia crítica é a expressão utilizada para descrever o resultado do encontro da teoria crítica com a educação. Da mesma forma que a teoria crítica em geral, a pedagogia crítica nega-se a estabelecer um conjunto específico de procedimentos de ensino. As pedagogias críticas, conforme McLaren (1994a), enfrentam os pontos de vista modernos e positivistas predominantes nas tradicionais teorias liberais e conservadoras do ensino. Ultrapassando as formas analíticas, a pedagogia crítica facilita aos estudantes e professores a compreensão de como funcionam as escolas, mediante a denúncia dos processos classificatórios dos alunos e das implicações de poder presentes nos currículos.

Segundo Kincheloe e Steinberg (1999), os defensores da pedagogia crítica multicultural não têm pretensões de neutralidade. Sua diferença em relação aos demais enfoques se baseia na clara exposição dos valores que norteiam suas práticas. Daí o multiculturalismo teórico estar comprometido com a ideia de igualitarismo e a eliminação do sofrimento humano.

Qual é a relação existente entre o processo escolar e a desigualdade social, considerando o processo que a acompanha? A busca de uma resposta a essa pergunta conduz às atividades de um professor multicultural crítico. Ao atuar solidariamente com os grupos submissos e marginalizados, os multiculturais críticos pretendem desvelar os sutis, e por vezes ocultos, processos educativos que favorecem os economicamente privilegiados e anestesiam os esforços dos desfavorecidos. Quando o ensino é visto por esse prisma, derruba-se a crença ingênua de que essa educação proporciona uma sólida mobilidade econômica aos estudantes não brancos ou pertencentes à classe trabalhadora, como também se derruba a crença de que a educação simplesmente proporciona um conjunto de capacidades politicamente neutras e um corpo de conhecimentos objetivos. Kincheloe e Steinberg (1999) consideram fundamental, para um multiculturalismo baseado na teoria crítica, o reconhecimento de que tanto a pedagogia cultural (meios de comunicação, arte, música etc.) como ensino não apresentam neutralidade nem inocência.

Para os autores, é necessário substituir os conceitos conservadores e liberais que consideram que todos os grupos vivem em condições similares no sistema social e que o caminho se encontra aberto a qualquer um que deseje o progresso. Mesmo na atualidade, quando a produção econômica impele a divisões sociais desiguais baseadas na etnia, gênero e classe, os multiculturalistas conservadores e liberais sentem-se incomodados ao utilizar o termo "opressão"; os multiculturalistas críticos desejam um estado de igualdade e democracia também na esfera econômica da sociedade.

À medida que as culturas ocidentais começaram a deslizar para a hiper-realidade da pós-modernidade, com seu neoliberalismo, seus mercados mundiais e o bombardeio de informação eletrônica, diminui substancialmente a capacidade de distribuição de recursos de forma mais equitativa. A desigualdade de classe social é uma preocupação crucial no multiculturalismo crítico defendido por Kincheloe e Steinberg (1999). Embora não seja a única categoria, a classe interage com a etnia, gênero e outros eixos de poder. Desvelar esse processo é o que mais interessa ao multiculturalismo crítico. Portanto, o que se pode recomendar aos educadores é que se dediquem a analisar profundamente a maneira pela qual a dinâmica de poder se reflete na cultura viva e cotidiana do mundo, tomando nota como o patriarcado, a supremacia branca e o elitismo de classe invadem todas as dimensões humanas. O multiculturalismo crítico tenta "desocultar" a natureza dessas operações, descobrindo como se realizam na maior parte do tempo, sem que sejam percebidas, inclusive por quem delas participa. Às vezes a sutileza desse processo é extremamente desconcertante, dado que a natureza obscura de muitas manifestações preconceituosas em relação a etnia, sexo e classe tornam difícil o convencimento da sua realidade aos indivíduos da cultura dominante. Essa sutileza é acompanhada pelo conhecimento da existência de diferenças tanto intragrupais como intergrupais (Yudice, 2006).

CAPÍTULO 3 Sociedade, Multiculturalismo e Educação Física

Outro aspecto central do multiculturalismo crítico bastante frisado nos trabalhos de Kincheloe (1991 e 1997) e Steinberg e Kincheloe (2001) é a forma como o poder molda a consciência. Para os autores, esses processos se relacionam (1) com os mecanismos pelos quais as inscrições ideológicas se inserem na subjetividade; (2) com as formas utilizadas pelas correntes de poder para manipular o desejo com propósitos hegemônicos; (3) com os meios utilizados pelos poderes difusos para configurar o pensamento e a conduta; (4) com a presença e a ausência de diferentes palavras e conceitos, e, finalmente, (5) com os métodos utilizados pelos indivíduos para afirmar sua influência por meio das manobras do poder.

Os multiculturalistas críticos entendem que os indivíduos produzem, renovam e reproduzem os significados em um contexto constantemente configurado e reconfigurado pelo poder. Essa reprodução cultural engloba o modo pelo qual o poder, sob a variedade de formas que assume, ajuda a construir a experiência coletiva, atuando favoravelmente à supremacia branca, ao patriarcado, ao elitismo de classe e a outras forças dominantes. Nesse sentido, as escolas funcionam em cumplicidade com a reprodução cultural, uma vez que os professores, inocentemente, atuam como guardiães culturais transmitindo os valores dominantes e protegendo a cultura comum dos "invasores" sempre à vista.

O multiculturalismo crítico utiliza-se da bibliografia e de métodos analíticos dos estudos culturais, visando à aquisição de um conhecimento mais profundo das representações de etnia, classe social e gênero nas várias esferas sociais. Seu próximo passo é conectar essas representações com seus efeitos materiais, os quais se relacionam com o capital nacional e multinacional e se encontram intimamente ligados às questões distributivas dos recursos. Nessa ordem, a cultura, a política e a economia são partes integrantes de um processo hegemônico e de poder amplo, que permite indagar como se legitimam as reclamações de recursos e porque continua a aumentar a disparidade de riquezas. Nesse sentido, está perfeitamente claro que o multiculturalismo crítico busca uma diversidade que compreenda maior interesse pela justiça social (McLaren, 1997).

No que concerne a essa atuação política, Kincheloe e Steinberg (1999) defendem uma postura extremamente arrojada. O multiculturalismo crítico deve atuar também sobre as parcelas da população que tradicionalmente não têm apoiado os movimentos em prol da justiça social. Segundo os autores, o desenvolvimento de uma pedagogia crítica junto à classe média branca permitirá responder às suas ansiedades, ante ao desvanecimento da educação, do emprego e dos demais benefícios sociais e econômicos no panorama político neoconservador deste princípio de século.

Os reflexos dessas teorizações, tanto no campo da educação em geral como no campo curricular da educação física em particular, serão analisados nos capítulos subsequentes.

CAPÍTULO 4
Educação física: currículo, identidade e diferença[1]

Nos dias de hoje, notam-se intensas e significativas reformas curriculares em diferentes níveis de ensino e em diversos países. A razão central é a de que o currículo tem sido associado às formas de controle e regulação social. O currículo é a maneira pela qual as instituições escolares transmitem a cultura de uma sociedade. Nesse sentido, a função social da escola é considerada de vital importância para o desenvolvimento econômico das nações, pois atua na formação de identidades que devem garantir a ligação rápida e prática entre sistemas educativos e a produtividade de mercado. Para Silva (2005), no currículo, entrecruzam-se práticas de significação, de identidade social e de poder. É por isso que ele está no centro dos atuais projetos de reforma social e educacional. Nele, travam-se lutas decisivas por hegemonia, por definição e pelo domínio do processo de significação.

O termo "currículo" provém de *currere* que, em latim, refere-se a um percurso que deve ser realizado, um caminho, e de *curriculum*, a pista em que se corre. Por derivação, a escolarização é um caminho

---

[1] Este capítulo, de autoria de Mário Luiz Ferrari Nunes, é fruto de uma investigação realizada no âmbito do Grupo de Pesquisas em Educação Física Escolar da FEUSP.

que os alunos percorrerão, com vistas à sua formação, e o currículo é seu conteúdo, o guia do seu desenvolvimento nesse período (Gimeno Sacristán e Pérez Gomez, 2000).

Por formar identidades sociais, a pergunta básica que se faz à relação da sociedade com a questão curricular é: o que se ensina?

Ensinar, derivado do latim *insignare*, denota a ideia de colocar sinais, indicar. Tacitamente, ensinar refere-se a transmitir algo ou até mesmo a doutrinar. Diante dessas referências, ensinar não se trata de uma atividade vazia, sem intenção ou neutra. Podem-se ensinar princípios, hábitos, valores, ofícios, atividades, gestos, e por meio de diversos meios, como lições, exemplos pessoais, fábulas, imagens, brincadeiras etc. Ensinar é, e sempre será, um ato político. Contudo, na prática e teorização pedagógica, o ato de ensinar centrou sua preocupação científica na atividade de ensinar, ou seja, em como ensinar. Nessa perspectiva, a didática necessária deve proporcionar um clima ideal para despertar o interesse do aluno para a aprendizagem. Esse enfoque proporcionou um afastamento da importância a respeito do que está se ensinando, e das intenções e dos efeitos subjacentes do que se ensina. As preocupações em relação ao bem-estar dos estudantes e sua relação com seus professores e o ambiente de ensino fizeram ocultar o sentido cultural da escolarização. Como sugere Bernstein (1984), as pedagogias tornaram-se suaves, invisíveis.

Dentro da perspectiva de que o currículo está encapsulado em um limite espaço-tempo, torna-se necessário selecionar uma parcela do capital cultural disponível na sociedade para ser partilhado pela coletividade presente nas escolas. O que isso representa? Quais suas consequências?

Essa parcela da cultura, presa dentro de um currículo, é mais do que uma seleção. Ela é organizada e apresentada de forma singular. Os critérios de seleção dos conteúdos culturais são justapostos da maneira que se entende como a mais apropriada para determinado grupo de alunos ou níveis de ensino. O formato do currículo é resultante da tecnicidade pedagógica de que tem sido objeto (Gimeno Sacristán, 2000). A formatação do currículo atua na distribuição dos seus conteúdos, práticas e códigos. Os códigos são os elementos que atribuem um caráter pedagógico aos conteúdos e atuam sobre alunos e professores e, de algum modo, modelam e sustentam as práticas. Os códigos, para Bernstein (1998), por intervirem na seleção, organização e instrumentalização dos currículos, interferem nas mensagens explícitas ou implícitas que eles transmitem. Dessa forma, pode-se indagar: quais códigos serão aprendidos diante da valorização da cultura intelectual, em detrimento da cultura manual ou motora? Ou: quais códigos são internalizados perante o *status* de cada ciclo de ensino ou em relação à carga horária distribuída para cada área do conhecimento?

Mas, ao mesmo tempo que o currículo ensina certos códigos, a escolha e a validação de seus conteúdos fazem que a instituição escolar assimile lentamente a função socializadora da educação. Quais valores, atitudes e conhecimentos estão implicados nessas escolhas? Afinal, sem conteúdo não há ensino. Se o conteúdo do currículo é o importante, é cabível questionar quem está autorizado a participar das decisões sobre os conteúdos a serem ensinados no currículo? Esses conteúdos servem a quais interesses? O que é considerado conhecimento válido ou importante para a formação das identidades sociais? Quais identidades sociais o currículo forma? Essas perguntas amparam-se em Silva (2001), para quem o currículo mantém um vínculo estreito com o poder, pois quem participa da decisão sobre a escolha dos conteúdos detém o poder sobre o processo de ensino. Percebe-se, então, que essas questões têm a ver com política. Têm a ver com ética. Têm a ver com formação humana.

Pode-se afirmar que, no campo da teorização curricular, a seleção e a organização de experiências de aprendizagem visam produzir identidades específicas, isto é, certos homens e mulheres, certos professores e professoras. O currículo serve, em síntese, para a construção de homens e mulheres. Ele também serve para formar quem são os outros e quem eles não são. Ao abordar a importância do currículo na formação das identidades, cabe pensar, neste momento, quais identidades estão sendo constituídas, tanto nas escolas como nos cursos de formação de professores. Cabe pensar quais conteúdos são empregados para construir identidades e quais identidades devem compor o contexto sócio-histórico.

O presente capítulo enfoca essa questão. Sem pretender esgotá-la, o debate será estendido e focado no campo curricular da educação física escolar, para que, assim, sejam oferecidos alguns subsídios que fundamentem reflexões sobre a prática pedagógica e os projetos sociais, aos quais a escola se dedica e às identidades que ajuda a construir.

As questões referentes às identidades

A recente explosão das discussões sobre a problemática da identidade na teoria social está associada a um profundo processo de transformação na sociedade que tem deslocado as estruturas e as referências, que anteriormente ancoravam o indivíduo no sistema social. O enfrentamento dessas mudanças vem sendo amplamente exposto nos meios de comunicação de massa e facilita, tanto por meio das mídias eletrônicas – televisão, rádio, cinema e computadores – como pelas escritas – jornais e revistas –, uma exposição de modos e comportamentos permanentes, e oferece constantemente uma visão múltipla, plural e paralelamente fragmentada do homem. Essa divulgação, ao mesmo tempo que elimina a distância e o tempo e torna o mundo mais próximo, possibilita homogeneizá-lo e permite perceber quem somos, as contradições e desigualdades sociais em que vivemos e também como elas constroem a diferença. Desse modo, esses problemas sociais atuais levam à construção de um olhar mais crítico para a cultura escolar e, em específico, para o currículo da educação física e as possíveis implicações de suas metodologias e conteúdos na construção da identidade e na enunciação da diferença.

A identidade garante ao indivíduo a posse de características que o diferenciam dos outros, assim como significa também a possibilidade de ser reconhecido como membro de uma comunidade, devido a uma série de características comuns a todos os seus componentes, o que lhe permite integrar, de alguma maneira, determinado grupo social. A parti-

CAPÍTULO 4 Educação Física: Currículo, Identidade e Diferença

cipação da dinâmica social implica o compartilhamento de algumas características – nacionalidade, religião, etnia, sexo, idade, preferências musicais, partidárias, gosto pela atividade física etc. – para a manutenção de elos e vínculos que formam a base da solidariedade e da fidelidade dos diversos grupos culturais (Hall, 1999).

Em função da crescente complexidade das estruturas, funções, relações, enfim, das dinâmicas sociais, não surpreende que a questão da identidade e da diferença venha se constituindo em fator relevante para a compreensão dos acontecimentos e fenômenos sociais contemporâneos. Pois é por meio dessas relações que se produzem, contestam e afirmam as identidades sociais.

Permeadas pela globalização e pelo risco da padronização cultural, tanto a escola pública como a privada apresentam problemas gerados pelos novos rumos da sociedade homogeneizante, divulgada pela ideologia neoliberal. As questões referentes ao multiculturalismo, entre elas a produção da diferença e da identidade, têm sido constantemente debatidas na teoria educacional crítica. A discussão sobre a identidade e a diferença concentra aspectos reivindicatórios e questionamentos de certos grupos, como: quem pode acessar certos benefícios culturais e quem não pode? Quem pode determinar e quem tem de acatar? Quem pode perguntar e quem deve ficar em silêncio? Quem pode jogar, dançar ou lutar e assim representar a classe ou a escola em eventos escolares, e quem tem de ficar na condição de reserva ou apenas torcer e aplaudir? Todos esses aspectos relacionam-se com questões de poder.

A identidade, como conceito, oferece meios para a compreensão da interação formadora de subjetividades entre as práticas culturais e os sistemas simbólicos. As identidades são produzidas nas relações entre os sujeitos e na interação de diferentes culturas e momentos históricos. Essas relações não são tratadas em consenso, isto é, encontram-se envolvidas nas relações de poder, algumas mais visíveis que outras, e que impõem e validam certos significados culturais.

A determinação de um modo de ser e não de outro é uma luta por imposição de sentidos que, segundo Silva (2000), é "um dos processos mais sutis pelos quais o poder se manifesta no campo da identidade e da diferença" (p. 83). As identidades são compreendidas pelas diferentes posições assumidas perante cada situação da vida.

Para Hall (1997, p. 26):

> O que denominamos nossas identidades poderia provavelmente ser melhor conceituado como as sedimentações através do tempo daquelas diferentes identificações ou posições que adotamos e procuramos viver, como se viessem de dentro, mas que sem dúvida, são ocasionadas por um conjunto especial de circunstâncias, sentimentos, histórias e experiências únicas e peculiarmente nossas, como sujeitos individuais. Nossas identidades são, em resumo, formadas culturalmente.

Hall (1998) afirma que a identidade é algo que está sempre em processo de formação entre o "eu" e a sociedade. Segundo o autor, a identidade é constituída pela forma com a qual o sujeito se imagina visto pelos demais, em especial, por quem julga importante e que, nessa condição, fazem a mediação entre ele e a cultura. Como sujeitos culturais, encontram-se inseridos nos discursos e, portanto, no processo de construção do mundo social. Aceitar a constituição e o reconhecimento da identidade a partir dos discursos dos outros significa assumir o próprio papel no processo de produção de outras identidades. Assim, a identidade é formada, afirmada e transformada constantemente em relação às formas de representações dos sistemas culturais em que os sujeitos estão inseridos desde o nascimento. Debater a produção da identidade e da diferença é questionar e lutar por certa visão de homem e de sociedade.

As transformações do conceito de identidade

Apesar da expressiva discussão atual sobre a identidade, essa preocupação não é recente. Ela fundou suas raízes na formação da modernidade. As mudanças estruturais ocorridas no final da Idade Média,

CAPÍTULO 4   Educação Física: Currículo, Identidade e Diferença

entre elas a revolução científica e as reformas no campo religioso, suscitaram a substituição de uma concepção teocêntrica por um modelo que enfatiza o processo de subjetivação, ou seja, uma concepção antropocêntrica. Segundo Souza Santos (1995), o conceito que estabelece a centralização do sujeito possibilita duas tensões: a primeira, entre a relação da subjetividade coletiva e a individual, e a segunda, entre uma concepção concreta e contextual da subjetividade e outra mais abstrata. Essas tensões, para o autor, encontram-se na base das teorias políticas e sociais da modernidade.

O pensamento cartesiano influenciou as ideias iluministas de homem, que priorizavam a concepção de um sujeito abstrato, racional, consciente e responsável por suas ações. Entretanto, para Francis Bacon, filósofo inglês do século XVI, a razão deixada em total liberdade pode se tornar puro delírio e especulação. Em suas concepções, o conhecimento apenas pode ser validado a partir das experiências dos sentidos. São elas que libertam o homem dos erros e enganos aos quais se submete no dia a dia.

Essa concepção de homem foi denominada por Hall (1998) como o *sujeito do Iluminismo*, sendo este centrado, unificado, dono de uma essência, um núcleo interior que nasce e se desenvolve com o sujeito, sem se transformar ao longo da sua existência. Esse *sujeito do Iluminismo* tem uma identidade inalterável que o torna capaz do uso da razão para intervir na sociedade.

Essa concepção abstrata de sujeito consolida-se com o liberalismo. Apesar da sua inviabilidade em ambientes cada vez mais complexos, em função do processo de urbanização crescente dos séculos XVII e XVIII, sua base filosófica se mantém. Nesse período, fica clara a influência do pensamento empirista de John Locke.

Para esse filósofo, a identidade é confrontada pelas leis divinas que sustentam a moralidade e a ação coercitiva das regras sociais e da censura pública. O *eu* centrado mantém seu núcleo interior, mas se torna um *eu social*, em virtude da sua relação com o ambiente social próximo. Com o desenvolvimento e o progresso, amplia-se a noção do sujeito social. Assim, o pensamento a respeito da identidade debatido ao longo dos séculos XVIII e XIX sofre maior influência das ideias de Locke. A noção de individualidade e, portanto, de identidade desse sujeito moderno constitui os fundamentos das ideias iluministas, pois as formas de organização social eram entendidas como derivadas tanto das capacidades inatas do sujeito cartesiano como da valorização das experiências individuais.

No século XIX, algumas categorias de análise como sociedade e produção vão ganhar ênfase com o pensamento marxista, no qual qualquer ideia de essência universal humana é descartada e passam a imperar as análises culturais das relações sociais de produção, tanto na formação do sujeito como na sua relação com o Estado. Marx deslocou as ideias fundamentais do pensamento moderno: a de um sujeito autônomo, dono de uma essência universal e a do sujeito constituído pela sua experiência com o social (Hall, 1998). Para Marx, a ideologia presente na concepção de sujeito autônomo está atrelada às condições de ascensão social vigentes na lógica capitalista.

Souza Santos (1995) afirma que o pensamento marxista polariza a discussão entre os sujeitos individuais e a ideia de um supersujeito representado pela classe social em lugar das regras sociais. Nessa lógica, a identidade está subordinada ao poder dos grupos dominantes e ao Estado que os representa.

As identidades projetadas pelo Iluminismo sofrem contestações cada vez maiores, em função da complexidade crescente da organização social. Para Hall (1998), uma nova concepção de identidade – *o sujeito sociológico* – surge, acentuando a ideia de que não existe uma identidade essencial inalterável nem um indivíduo passivo que assimile os valores da sua cultura, como propunha Locke. Nessa concepção, o núcleo do sujeito se produz e se altera na medida em que ele estabelece um diálogo permanente com o mundo exterior e com outras identidades que o mundo social lhe oferece. Nessas análises, a identidade sutura o mundo interior com o exterior, ou seja, é ela quem liga o sujeito à estrutura e estabiliza, tanto a ele próprio como ao mundo cultural ao qual ele pertence.

Entretanto, a ideia de uma identidade coletiva não está de acordo com os princípios de mercado e da propriedade, características que priorizam e acentuam o individualismo. O estabelecimento dos pilares fundamentais do pensamento liberal propicia a necessidade de um sujeito que regule as diferentes identidades e seus interesses – o Estado. Um supersujeito que incorpore as diferentes identidades a uma identidade única, hipoteticamente compartilhada por todos – a identidade nacional.

Diversos fatores, entretanto, têm contribuído para deslocar esse conceito de identidade pessoal e nacional. Uma série de transformações decisivas e uma nova distribuição de forças e relações socioculturais mundiais têm proporcionado grandes deslocamentos de diversas populações pelo globo. Primeiro, o desmantelamento das colônias europeias que, apesar de independentes, continuam a refletir em seu interior as condições anteriores de existência. Ou seja, nelas prevalecem os interesses e modelos de controle das grandes potências. Mais ainda, se, no período colonial, as relações de poder e exploração eram entre colonizador e colonizado, agora, essas relações ocorrem internamente entre forças sociais nativas, e entre elas e o sistema global. O resultado tem sido a pobreza extrema localizada em determinadas regiões do globo e os conflitos étnicos, culturais e religiosos.

Um segundo fator decisivo foi o fim da guerra fria, que ocasionou o declínio do comunismo de Estado como modelo de oposição ao capitalismo, e a iminente tentativa dos países ricos, liderada pelos Estados Unidos da América, de "atrair" os ex-Estados soviéticos para o "seu" projeto de construção de uma "nova ordem mundial". Sem levar em conta as constituições políticas e culturais desses grupos, o que se obtém, além dos problemas sociais decorrentes de qualquer programa de desenvolvimento, foi o ressurgimento de antigos nacionalismos étnicos e religiosos que têm gerado tensões multiculturais.

O terceiro e decisivo fator é a atual globalização (o processo de exploração e conquista não é algo novo na história da humanidade). Apesar dos fatores anteriores terem suas condições particulares de existência, todas essas mudanças têm sido associadas às políticas que tentam tornar hegemônica a ideologia neoliberal.[2] Nesses interesses, está inscrito um projeto mais amplo de globalização. Como tem sido constantemente enfatizado, a esse fenômeno pode ser atribuída a difusão por todo o planeta de corporações transnacionais que assumem papel de destaque na economia e no controle do capital e, como consequência, têm ocasionado o enfraquecimento dos Estados-nações. Essas mudanças, porém, não são apenas econômicas. Elas envolvem aspectos políticos, sociais e culturais. Para muitos, a globalização econômica está inextricavelmente articulada com a globalização cultural, sem que a primeira seja determinante da segunda. Mesmo sendo um sistema que opera em todos os continentes, seus efeitos são contraditórios e não produzem resultados iguais no mundo inteiro.

Diante dessas colocações, entende-se que todas as transformações decorrentes do processo da globalização não podem ser compreendidas sem a devida atenção ao contexto cultural em que ocorrem. Essa assertiva incita a um olhar mais crítico com o local, com o particular. A aula de educação física, como prática social, como pequeno espaço de construção cultural, está intimamente ligada à produção e aos efeitos da globalização. Nessa intricada situação de intenso fluxo cultural, ao mesmo tempo em que a globalização revela e familiariza a diversidade cultural, produz uma coexistência tensa entre os diversos grupos culturais. Sem dúvida, entre seus efeitos homogeneizantes estão as formações subalternas e a obliteração da diferença (Hall, 2003). Na contemporaneidade, as identidades apresentam fatores contraditórios e fragmentados da experiência humana.

A identidade nos tempos atuais

As transformações econômicas, políticas, sociais e culturais destes tempos abriram caminhos para novas e complexas tendências nas relações sociais. A identidade nacional torna-se menos relevante no

---

[2] A política neoliberal e suas influências sobre a educação e a educação física foram abordadas no Capítulo 2.

processo de identificação de grupo. Intensificaram-se mudanças nos padrões de consumo e nos processos de produção, que contribuíram para o surgimento de novas identidades. O fluxo migratório e o desenvolvimento tecnológico cada vez mais rápido aproximam as desigualdades e conectam as pessoas ao mundo todo em milésimos de segundo. As identidades hibridizam-se. A identidade governada exclusivamente pela divisão de classe ou pela nação torna-se obsoleta, pois dentro das classes e debaixo do manto da nacionalidade existe uma pluralidade de condições das quais podem emergir diversas identidades. A concepção de uma identidade essencial torna-se um mito. O que existe agora é um sujeito fragmentado, deslocado tanto do seu lugar na sociedade como de si mesmo. O sujeito pós-moderno é composto por múltiplas identidades – "algumas contraditórias ou não resolvidas" (Hall, 1998, p. 12). Esse sujeito ocupa variadas posições que se modificam ao longo de sua existência. Logo, o sujeito é fruto de uma produção histórica, cultural e discursiva em permanente processo de transformação e reconstrução. Se o sujeito é fragmentado, pode-se afirmar que os membros de um grupo cultural também o são. Isso significa dizer que não existe uma identidade mestra que possa abarcar todos os integrantes desse grupo. Com o apoio de Hall (1997 e 1998), é possível afirmar que diversos aspectos identitários articulam-se e deslocam-se no interior dos indivíduos e dos grupos. Diante disso, é impossível predizer o que é ser negro, mulher, brasileiro, professor, estudante. O processo de identificação de cada um é problemático e variável; assim sendo, é preciso saber a que negro, a que mulher, a qual professor e a qual estudante se faz referência. Homogeneizar as identidades significa transformá-las em essências, em algo que não se altera. É criar representações equivocadas a seu respeito.

Se a identidade é uma construção histórica e cultural, esse processo ocorre nas relações, isto é, a identidade é relacional. No sentido discutido anteriormente, as identidades definem-se nas relações com os outros. Elas se definem por meio das relações de poder (Hall, 1999).

O descentramento do sujeito anunciado por Hall (1998) impõe uma questão: se a identidade não é uma essência e também não se define por uma referência cultural, como ela se constitui? Como se afirma ou reprime? Isso indica que, para o reconhecimento de certas características identitárias, é necessário conhecer outras. A identidade só pode ser compreendida em sua conexão imediata com a produção da diferença. Isso ocorre porque a identidade e a diferença somente podem ser concebidas dentro de um processo de diferenciação linguístico que defina seus significados, ou seja, a identidade não é a referência, mas a diferença é o seu resultado. Elas são interdependentes e consequências de atos de criação linguísticos (Silva, 2000). Elas têm de ser nomeadas e, portanto, estão sujeitas a algumas propriedades que caracterizam a linguagem.

Na teorização da linguagem, os elementos que constituem uma língua, os signos, não fazem sentido isoladamente. Não há nada neles que os remeta a seu aspecto material. Os signos são construções arbitrárias do mundo cultural e, como foi dito no Capítulo 1, só têm valor em uma cadeia infinita de outros signos que são diferentes dele. Com esses argumentos, compreende-se que a diferença não é derivada da identidade, mas é o processo básico de funcionamento da língua e, por extensão, das construções da cultura, por exemplo, a identidade. A identidade e a diferença surgem de um processo de diferenciação.

Ampliando a discussão, convém afirmar que o signo é constituído pelo significado – o *conceito dado* ao signo – e o significante – a *imagem que fazemos* dele. Por conta disso, é o sistema linguístico que faz a mediação das representações sobre o mundo material. É por meio da representação que os homens e mulheres decodificam, interpretam e conseguem atribuir sentido e operar com as coisas do mundo.

A representação não é algo mentalista, mas é expressa em uma dimensão de significante. Ela é sempre uma marca visível, exterior – uma pintura, uma fotografia, um filme, um texto, um gesto etc. Isso significa dizer que a representação é, então, um sistema linguístico e cultural intimamente ligado a relações de poder. É por meio da representação que a identidade e a diferença se ligam a sistemas de poder, ou seja, a identidade e a diferença têm de ser representadas.

CAPÍTULO 4 Educação Física: Currículo, Identidade e Diferença

Como exemplo, o signo "jogar futebol" é representado pela execução de certas técnicas tidas como certas. Isso é uma construção arbitrária da cultura. Quando são identificados os sujeitos que não jogam da maneira concebida como correta, tanto eles como a prática do jogo são negados, além de lhes serem atribuídos aspectos pejorativos e depreciativos. Essa representação do signo "jogar futebol" é a diferença. Ela tem de ser negada.

Como fruto da linguagem, a identidade está frequentemente diante de processos que tentam fixá-la, torná-la a norma. A afirmação da identidade em relação à diferença precisa ser marcada culturalmente. Fixar uma identidade é afirmar que ela é a norma. Normatizar é ser o parâmetro de avaliação de outras identidades. Para normatizar, é preciso atribuir para si mesmo os aspectos positivos, a fim de poder comparar, julgar e, assim, depreciar outras identidades. A identidade é o considerado normal; a diferença é o outro. Ele tem de ser marcado, definido. Em síntese, a identidade e a diferença necessitam de processos de inclusão e exclusão. Para saber quem somos "nós", precisamos fechar as portas para "eles". Definir a identidade é um ato político, é uma ação decorrente das relações de poder. A identidade é fruto de um processo de oposição, no caso, craque/grosso. Afirmar quem são os habilidosos nas práticas esportivas é determinar quem são os outros – os não habilidosos, os diferentes. Validar um conhecimento só é possível mediante a negação dos outros. Afirmar quais conteúdos são necessários para compor um currículo é um ato de negação com os conhecimentos que devem ficar fora do processo de escolarização.

A legitimação do conhecimento está conectada com a forma de (re)apresentar a realidade e com as formas de conhecer o mundo. É aqui que o poder se associa com a representação. Assim, pode-se compreender a escolha e a manutenção de alguns conteúdos no currículo da educação física, no transcorrer da sua história na escolarização básica. No seu início, sua representação baseava-se nos conteúdos ginásticos e, a partir da Segunda Guerra Mundial, por algumas modalidades esportivas, como: o basquete, o voleibol, o handebol e o futebol. Convém recordar que essas manifestações estão associadas à cultura euro-americana, branca, liberal, masculina, heterossexual e cristã. Mais recentemente, o currículo do componente foi assolado por explicações e conceitos advindos da área da saúde, em busca de um estilo de vida mais saudável e coerente com o modelo *fitness*. Ou seja, como documento de identidade, o currículo da educação física tem privilegiado certas identidades. A educação física, como se observa, vem se constituindo em uma forma de representação dos grupos culturais dominantes.

Em oposição a tal assolamento, verifica-se a luta dos grupos sem poder contra as estéticas dominantes, formas canônicas de conhecimento, códigos oficiais, formas determinadas como corretas de se movimentar, jogar, dançar etc. Por meio dessas práticas, as formas dominantes de representação são contestadas pelos que não se veem representados culturalmente. Essa luta em torno do poder de representar caracteriza-se como "política de identidade". Não se trata de uma luta apenas para ser incluído na representação, mas de processos de revolta contra uma representação universal hegemônica de sentidos e cultura.

A representação adquire força política à medida que é entendida como cópia do real. Ela funciona como forma de efetivar uma realidade. No entanto, a representação esconde os mecanismos e artifícios pelos quais ganha ares de verdade, de essência. A realidade, não obstante, tem de ser representada de alguma forma. Isso quer dizer que a representação nunca é idêntica à realidade. Ela é resultado de uma construção. Assim, podemos afirmar que a representação de certas formas de jogar ou dançar não é realista, é uma ilusão. Por outro lado, são verdadeiros a realidade e os efeitos que produz. Isso quer dizer que, quem não se apresenta da forma – representação – fixada culturalmente por certo grupo cultural, tende a ficar à margem da prática. A representação tem o poder de naturalizar o mundo.

Ao naturalizar as identidades, a representação oculta as condições da sua produção, paralisa e congela o significado, imobilizando o processo de significação. Para Foucault (1992), a representação

CAPÍTULO 4   Educação Física: Currículo, Identidade e Diferença

não pode ser vista como coincidência com o real, mas como efeito do discurso e sua estreita conexão com o poder. É por conta do discurso que os grupos dominantes atribuem características negativas às representações dos grupos desprovidos de poder. Esse processo afasta os dominantes de entrarem em contato com a diferença, para apenas tratá-la como exótica, desviante ou marginal.

São esses pensamentos que proporcionam a reflexão sobre certas práticas culturais que chegam à escola e, volta e meia, compõem esporadicamente o currículo do componente, como: a quadrilha caipira, a capoeira, outras danças regionais ou étnicas, brincadeiras femininas etc. Geralmente, o que se vê é um repertório de atividades que em nada contribuem para transformar as representações que os grupos dominantes fazem dessas formas culturais. Apesar da presença dessas manifestações na escola estarem sob o manto da inclusão e do respeito à diversidade cultural, há que atentar para o fato de que esses poucos espaços de atuação e divulgação cultural foram sobredeterminados pelos grupos dominantes e têm funcionado como "telas de representação" (Hall, 2003) dessas culturas. Ou seja, diante das pressões de certas políticas de identidade, são elaboradas algumas ações pedagógicas que tornam as manifestações dos grupos subjugados em fetiche, para o olhar superior e deturpador dos grupos hegemônicos. Como exemplo, basta verificar como a festa junina tem sido trabalhada na escola e como os habitantes da zona rural têm sido representados nessa comemoração.

Silva (2001) adverte que a representação está intimamente associada ao olhar. É claro o olhar dominador do homem tornando a mulher seu objeto de prazer ou o olhar controlador das figuras patriarcais que inibem e controlam impulsos e sentimentos ou o olhar depreciativo dos que jogam conforme a representação dominante de jogar em relação aos diferentes. O olhar está em conexão permanente com o poder. O olhar seleciona as coisas visíveis do seu objeto e o que ele traz de volta é a representação. Esse retorno não é fruto de um lapso momentâneo do olhar, mas uma seleção do que o etnocentrismo cultural nos ensinou a olhar. O visível não pressupõe tudo que está no objeto. Porém é na representação que o que o campo da visão nos retornou pode ser enunciado. As coisas que podem ser vistas dependem do significado, dependem da linguagem, em suma, dependem dos códigos culturais que conseguimos interpretar. É na representação que o visível torna-se dizível. Ao olhar para a catira, o maculelê, o balança caixão, o *funk*, o jogo de baralho, diz-se o que se vê na representação. Para aqueles que ajudaram a compor o currículo da educação física ao longo de sua trajetória histórica, sem dúvida, a ausência dessas práticas corporais indica que suas representações estão carregadas de valores negativos.

Diante desse estofo teórico, torna-se importante a análise das implicações do currículo na formação das identidades sociais. O currículo e as coisas que ele divulga tendem a naturalizar as identidades sociais, tornando-as essências. As identidades essencializadas inviabilizam qualquer possibilidade de transformação social e democratização das relações de poder. O currículo da educação física, como campo cultural de luta pela significação, tem proporcionado excelentes condições para os grupos dominantes manifestarem sua hegemonia sobre lugares e pessoas representados como inferiores. Se a identidade é uma construção social, é fundamental compreender os processos históricos nos quais foram definidos a norma e o outro. Se o currículo é um documento de identidade (Silva, 2005), a preocupação docente se centraliza em formar o aluno para analisar essas dinâmicas sociais e atuar nas transformações sociais. O primeiro passo, sem dúvida, é proporcionar aos docentes uma reflexão da relação do currículo com a sociedade.

Os primeiros debates sobre currículo e identidade

As lutas sindicais, no início do século passado, dirigidas contra as políticas trabalhistas e produtivistas, planejadas sob os ideais de Frederick Wislow Taylor (taylorismo), coincidiram com as lutas de movimentos ideológicos de pedagogos progressistas, como John Dewey e William H. Kilpatrick, que ansiavam por maior democratização da sociedade e por uma reestruturação tanto da função social da escola como da prática educativa (Torres Santomé, 1998).

Os pressupostos tayloristas acentuavam a divisão social e técnica do trabalho, separando o manual do intelectual. Seus princípios de organização proporcionaram uma nova revolução na indústria no início do século XX. As mudanças decorrentes ampliaram o sistema de produção, que possibilitou maior acúmulo e concentração de capital e de meios de produção. Entre seus métodos, encontrava-se o barateamento da mão de obra e, concomitantemente, a desapropriação dos conhecimentos dos trabalhadores. O trabalho era realizado em linhas de produção decompostas em operações automáticas de fácil manuseio. Esses procedimentos foram acompanhados de centralização das decisões, afastando qualquer possibilidade de participação do operariado, tanto na gestão como nos planejamentos decisórios e no controle empresarial. Nessa lógica, as pessoas devem ser preparadas para ocupar seu lugar em um dos dois grupos: os que pensam e decidem e os que obedecem e executam.

Na onda do desenvolvimento, Henry Ford criou a organização e a distribuição de tarefas em uma esteira transportadora, efetivando a linha de montagem na indústria automobilística (decorre daí o nome fordismo para esse sistema de trabalho). Suas consequências contribuíram ainda mais para a desqualificação e desvalorização da classe trabalhadora e a mecanização homogeneizante do trabalho. Com as esteiras, o operário não precisava sair do lugar de ação, pois elas aproximavam as peças a serem montadas, obtendo-se, assim, uma grande redução do tempo para a realização das tarefas. Essa lógica favoreceu a divisão social e técnica do trabalho, pois entender todos os passos da produção e o que a motivou era função de pouquíssimos especialistas. O desenvolvimento cada vez maior de novas tecnologias reduziu gradativamente a ação trabalhadora às atividades mais simples e rotineiras.

Com a organização das formas de trabalho preestabelecida por um grupo reduzido de especialistas, a desapropriação crescente do conhecimento da classe operária e a sua crescente substituição pela tecnologia, os trabalhadores foram definitivamente afastados da democratização dos processos de produção. Sem a necessidade de uma formação especializada, qualquer pessoa podia ocupar um posto de trabalho. Qualquer operário qualificado como improdutivo ou "incômodo" podia ser demitido, pois outro ocuparia seu lugar sem nenhum dano ao processo de produção. Desse modo, os interesses do capital ancoraram-se na desqualificação do trabalhador. Assim, os modelos taylorista e fordista incrementaram o sistema piramidal e hierárquico da autoridade, no qual, no topo, encontram-se os que detêm o poder e o prestígio, advindos conhecimento necessário e validado socialmente pelo grupo que o criou, em um sistema de retro-alimentação. Nos demais estratos, à medida que se aproximam da base da pirâmide, aumenta o contingente dos desprovidos de iniciativas para apresentar quaisquer propostas passíveis de aprovação. Essas estratégias de organização do trabalho destinavam-se, também, a privar a classe operária da sua capacidade de decisão tanto sobre o ambiente de trabalho como do processo e da sua produção final.

Quando a escola foi paulatinamente chamada a contribuir com a ideia da sociedade produtivista, o processo de atomização gerado na esfera trabalhista foi também reproduzido no âmbito escolar. A taylorização no processo de escolarização impede que os professores e os alunos possam atuar em direção a uma reflexão crítica sobre a realidade. Nesse sentido, a educação parece atender apenas às tarefas que conduzam ao aprendizado da obediência e da submissão, tanto ao sistema como aos que estão em patamares hierárquicos superiores. Os meios utilizados baseavam-se, por exemplo, no isolamento das disciplinas escolares, descontextualizando-as e distanciando-as da possibilidade de proporcionarem aos alunos uma reflexão crítica da realidade e do seu mundo experiencial. À medida que os alunos avançavam na escolarização, cada vez mais eram criados obstáculos que impediam a compreensão dos significados dos processos de ensino e aprendizagem, repetindo a fragmentação e a distorção do trabalho produtivo, ou seja, poucas pessoas necessita-

CAPÍTULO 4   Educação Física: Currículo, Identidade e Diferença

vam compreender a educação no seu todo e nas suas intenções. Como na indústria, alguns poucos especialistas eram responsáveis pelo processo e elaboravam as diretrizes curriculares, os livros e os manuais didáticos. Em sua maioria, estudantes e docentes, inclusive, cumpriam as orientações sem, no entanto, compreendê-las, e nem sequer o que as motivava. Para Torres Santomé (1998), a taylorização do ensino promoveu alterações na finalidade da escolarização e da educação. Naquele contexto, os docentes preocupavam-se mais com a obediência, enquanto os discentes elaboravam estratégias para sobreviver aos ditames educacionais: memorizavam, caprichavam nas aparências dos exercícios, mantinham-se em filas etc. O pedagogo espanhol afirma que o importante eram as notas escolares, que funcionavam tal e qual o salário do operariado. Nessa lógica operacional, o produto e o processo foram perdendo sua importância. O que valia era a premiação pelo rendimento. Os objetivos idealizados pelos especialistas da educação – a aprendizagem para a prática cotidiana – ficavam distantes da realidade escolar. Como se sabe, essa escola contribuiu enormemente para formar determinadas identidades sociais.

Para Kliebard (apud Moreira e Silva, 2005), duas grandes tendências no campo do currículo surgiram, paralelamente, ao momento histórico descrito. Um currículo centrado nos interesses do aluno, fundamentado nos pensamentos de Dewey e Kilpatrick, e outro, na construção de identidades desejáveis para o sistema, apoiado nas ideias de Bobbitt.

Desde o final do século XIX, Dewey alertava para a sobrecarga do trabalho compartimentado em matérias e lições fragmentadas, sem conexões umas com as outras, além do excessivo rigor da aprendizagem pautada na repetição e na autoridade. Os conteúdos que formavam o currículo da época eram distantes da cultura experiencial dos jovens, fato que impedia qualquer nexo da realidade e sua reflexão crítica. Para Moreira e Silva (2005), as duas propostas curriculares, apesar de se constituírem em diferentes respostas às transformações históricas do período, buscavam adaptar tanto a escola e o currículo como as identidades à ordem capitalista vigente. Essas duas tendências dominaram a teoria curricular dos anos 1920 aos anos 1960. As ideias de Dewey seriam conhecidas no Brasil como inseridas no movimento escolanovista ou Escola Nova. Por sua vez, as propostas de Bobbitt semearam a denominada tendência tecnicista (Moreira e Silva, 2005).

A influência do escolanovismo de Dewey (1971) fez-se sentir também no discurso da educação física. É importante ressaltar que o movimento da Escola Nova foi o primeiro a atribuir uma participação importante e sistematizada à educação física. Suas metas visavam a uma educação integral do aluno, adequando suas práticas às fases do crescimento do ser humano (Betti, 1991), além de ter como objetivo a garantia de melhores condições de higiene e saúde aos escolares. Com as reformas educacionais promovidas pelo governo brasileiro no início do século XX, e definitivamente introduzida no currículo brasileiro, a educação física tencionava a formação de uma geração capaz de suportar o trabalho, sem o risco de padecer diante de alguma enfermidade, uma "identidade trabalhadora" (Nunes, 2006). O currículo, pautado nos ideais da Escola Nova, passa a produzir novas sensibilidades e novos ritmos na sociedade, inclusive novas maneiras de intervir no controle disciplinar. Nesse modelo curricular, o ensino é centrado no aluno. Cabe ao professor conduzi-lo à obtenção de resultados com um mínimo de esforço e tempo. O que resulta em eficiência passa a ser o objetivo da disciplina. Desse modo, disciplinar não é mais prevenir, é moldar.

O modelo tecnicista de ensino ganha forças no Brasil com as ideias de desenvolvimento propagadas no período posterior à Segunda Guerra Mundial. As ideias de Bobbit foram reajustadas com o pensamento curricular de Tyler (1974). Para esse autor, os objetivos educacionais deviam ser claros e previamente definidos, inclusive os comportamentos e atitudes decorrentes do processo.

Nesse período, ocorre uma renovação no pensamento educacional, em que não é mais o professor quem detém a iniciativa nem é o elemento principal do processo (escola tradicional), tampouco é o alu-

CAPÍTULO 4 Educação Física: Currículo, Identidade e Diferença

no o centro da questão (escola nova), mas os objetivos e a "organização racional dos meios" que direcionariam o processo, colocando os atores anteriores na posição de meros executantes de um projeto educacional mecanizado e concebido por especialistas capacitados e imparciais (Saviani, 1986).

Esse modelo de escolarização estava em consonância com o fordismo e as suas ideias de produção em massa e neutralização das forças populares. O "currículo tecnicista" estava em acordo com as novas necessidades sociais. Apesar do processo de neutralidade, o currículo tecnicista também objetivava formar "identidades criativas e com iniciativa" para a construção de um ideal de nação. Para tal, requeria-se à escola a realização de atividades com essas finalidades. Pela sua peculiaridade de atividade física regrada por regulamentos, especialização de papéis, competição, meritocracia – e por apresentar condições para medir, quantificar e comparar resultados –, o esporte tornou-se o melhor meio de preparar o homem para um sistema de hierarquização, no qual os melhores – aqueles que alcançam o topo da pirâmide – deviam comandar as camadas subsequentes, subalternas, ou seja, os que não conseguiam acompanhar o rendimento dos melhores. A escola, nessa época, funcionou como processo de seleção social.

Desde o final da Segunda Guerra Mundial e do início da guerra fria, o mundo viveu grandes mudanças sociais que culminaram com a crise internacional do petróleo nos anos 1970 e o fim dos conflitos entre o capitalismo e o socialismo, no início dos anos 1990. Novas formas de relação cultural e econômica entre os países começaram a florescer, assim como novos mercados e potências supranacionais. O Estado perdeu a autonomia para gerir o mercado financeiro e os modelos tayloristas e fordista começaram a não dar conta das necessidades dos novos tempos. O processo de globalização das economias transformou as regras da competitividade, produção e comercialização de mercadorias. Nos novos tempos, os mercados – em função da incorporação de novas culturas e da divulgação e aproximação gerada pelas diversas mídias – tornam-se cada vez mais heterogêneos e fragmentados. O novo mercado exige maior competitividade das empresas em busca de maior eficiência na produção. Para isso, torna-se necessário o aumento da produtividade, a redução dos custos operacionais, a melhora na qualidade e flexibilização da produção, proporcionando, assim, novos modelos gestores. Isso gerou a desconcentração e a descentralização da produção para atender às demandas e necessidades de consumidores de localidades particulares.

Diversas transformações ocorreram no mundo empresarial. Se, anteriormente, a estabilidade no trabalho associava-se à ideia de possuir um posto específico, agora, evidencia-se, no melhor dos casos, a estabilidade dentro da empresa. As conquistas trabalhistas de outrora vão sendo substituídas por contratos incertos e precários, em razão da insegurança provocada pelas regras da competitividade. Surge o conceito de flexibilidade trabalhista. Entre as novas fórmulas gestoras, encontra-se a oferta de maior participação da classe trabalhadora na programação e avaliação dos resultados de sua atuação e atividade profissional. Isso obriga os empresários a sustentarem e incentivarem programas de formação permanente. O operário desses tempos "tem de possuir habilidades e competências" para solucionar rapidamente os problemas decorrentes do processo produtivo. Não há mais espaço para o funcionário especialista e para o trabalho isolado. O que importa, e é necessário, é o trabalho em equipe e flexível, ou seja, ser capaz de atuar em múltiplas funções. Os anos 1980 ficam marcados pelo forte investimento em ideologias eficientistas, privatizadoras, neoconservadoras e neoliberais, facultando prioritariamente ao mercado a responsabilidade para gerenciar os preços.

A nova gestão empresarial – o toyotismo – apresenta algumas características relevantes para essa análise:

– produção enxuta, isto é, equipamentos, pessoal e funções estritamente necessários e que atendam a demandas imediatas. Por conseguinte, são desnecessários grandes espaços, mate-

riais estocados, grandes maquinários e, logicamente, grande quantidade de mão de obra;
- qualidade total, ou seja, deve-se detectar falhas no processo, defeitos na produção e na comercialização quanto antes, eliminando possibilidades de perdas com o consequente aumento nos custos;
- investimento por parte do empresariado na formação contínua dos seus funcionários. Isso significa dizer que, diante das inovações permanentes e da instabilidade do mercado, os funcionários devem ser multifuncionais, atualizados e saber atuar em equipe.

Esse novo modelo permitiu maior aproveitamento do conhecimento e da experiência dos trabalhadores. Os gestores perceberam que, diante das mudanças rápidas da tecnologia, muitos problemas e imprevistos surgiam. Sendo assim, os trabalhadores mais experientes podiam resolver os problemas, sem perdas para a empresa. Isso propiciou a necessidade de contar com a colaboração de todos e, para garantir o comprometimento com os interesses da empresa, estimulou-se a competitividade por meio de premiações, participação nos lucros e outras formas de incentivos econômicos.

Ao contrário do modelo fordista, a flexibilidade e a polivalência do proletariado permitem que uma mesma pessoa possa se responsabilizar por várias tarefas. Em relação à remuneração, incentiva-se o tempo de serviço na empresa, a formação permanente e a produtividade. Reforça-se a ideia de que, sem a cooperação e o compromisso da classe trabalhadora, torna-se impossível melhorar a qualidade e a produtividade (Torres Santomé, 1998).

Se, de um lado, no modelo toyotista valoriza-se a experiência do trabalhador, de outro, gera-se uma necessidade, às vezes inconsciente, de autoexploração em busca de sucesso pessoal, manutenção do emprego e até mesmo de consumo. Outra característica marcante desse modelo gestor é a ocultação das hierarquias de poder. Nos modelos descentralizados, o poder é real, porém difuso. Mediante a participação coletiva na discussão sobre os meios e as formas de atingir certas metas, camuflam-se os objetivos empresariais. O que se produz, o porquê, quando e onde ficam limitados a determinados círculos de decisão.

Igualmente aos modelos taylorista e fordista, a escolarização incorpora rapidamente os modelos de organização e administração toyotista. Se antes comparavam-se as escolas às fábricas, agora, afirma-se que tanto a escola pública como a privada são empreendimentos. As análises do mundo econômico passaram também a recair sobre a instituição escolar com a justificativa de que ela é a principal responsável pelo fornecimento de mão de obra qualificada para o mercado. Cada modelo ou princípio de produção e distribuição do capital necessita de pessoas com capacidades, habilidades, competências e valores para a sua manutenção e equilíbrio. Para isso, a escola tem de garantir a formação de pessoas conforme a filosofia econômica da produção e do consumo.

Desde esse instante, o sistema educacional passa a sofrer severas críticas do mundo empresarial em relação aos conhecimentos dos alunos e, principalmente, quanto à qualificação do corpo docente, pois, justificam os empresários, os professores não estão acompanhando os novos tempos.

Consequentemente, os governos vêm promovendo discursos pedagógicos fundamentados em conceitos da esfera econômica, como: descentralização, autonomia para a construção de projetos político-pedagógicos, flexibilidade dos programas escolares, atualização docente etc. Do mesmo modo que a gestão toyotista defende a participação e a valorização da figura do trabalhador, na educação constata-se a importância atribuída às classes docente e discente e o constante incentivo aos programas de formação contínua. Percebe-se também que, se no modelo empresarial ocultam-se as verdadeiras intenções, na educação, a participação dos professores e até de toda a comunidade finca-se nas dimensões metodológicas. Daí a ênfase em cursos prontos para a utilização, com discursos renovadores e de uso imediato para o dia seguinte. A confusão entre educação e empreendimento expande-se dos critérios de classificação às estratégias de marketing.³ Entre tantas observações da influência do mundo dos negócios no mundo da escolarização e da educação, destaca-se a concorrência de algumas escolas à avaliação ISO 1000.

Como é de esperar, algumas propostas curriculares na área da educação física coadunam com os ideais toyotistas – os currículos globalizante (psicomotricidade), desenvolvimentista e da promoção da saúde. Neles, nota-se a ênfase em aspectos centrados nos pressupostos de formação humana que o mercado assume como ideal. Nos dois primeiros, enfatiza-se o desenvolvimento de habilidades perceptivas e/ou motoras, que favoreçam a formação do indivíduo para a autonomia, mas que saiba atuar coletivamente com os interesses do grupo. No último, a preocupação centraliza-se no cidadão autogestor da sua saúde: um cidadão saudável e apto para enfrentar e vencer os riscos do sedentarismo estressante e cotidiano do mundo capitalista.

Apesar de todo seu aspecto sedutor, esse quadro, ao longo dos anos, não, imperou com tranquilidade. McLaren (1992) mostra como a escola, mesmo atuando no policiamento de fronteiras culturais, raramente está subjugada pelo processo hegemônico. Dewey, Freinet, Montessori e outros pedagogos contestaram os modelos de ensino automatizados, autoritários e distantes da realidade dos alunos. Ampliando a resistência, surgiram também teorias educacionais que criticavam a maneira pela qual o currículo contribuía para a perpetuação do poder das classes dominantes.

Apoiados nos referenciais marxistas, desde os anos 1920, filósofos alemães da Escola de Frankfurt, como Adorno, Marcuse e Benjamin, contestam os modelos educacionais vigentes. Posteriormente, nos anos 1950, fundamentada nas críticas de Michel Young, surge na Inglaterra a nova sociologia da educação cujos pressupostos questio-

---

³ Esse aspecto não é restrito às escolas particulares. Ultimamente, as escolas públicas estão sendo tomadas de assalto por programas que incluem desde patrocínio em uniformes até a venda de cursos apostilados, fornecidos por empresas privadas.

nam dados relativos ao aproveitamento e fracasso escolar dos alunos das classes trabalhadoras. No Brasil, a obra de Paulo Freire traz grande contribuição para a fundamentação da pedagogia crítica do país. No campo curricular da educação física, essas críticas vão ancorar as abordagens crítico-superadora, apresentada por Soares et al. em 1992, e a crítico-emancipatória, divulgada por Elenor Kunz (1991 e 1994).

Desde os anos 1980, a educação física brasileira vem passando por debates, críticas e principalmente dúvidas e incertezas, quanto à sua função social e aos seus métodos de ensino. O que se pode dizer a esse respeito é que, assim como as intenções e os mecanismos de funcionamento do processo da produção do mundo econômico estão distantes da classe trabalhadora, essas discussões também se encontram, em alguns casos, em patamares demasiado distantes em relação ao cotidiano da sala de aula e do docente.

Nesse sentido, Silva (1992) pode contribuir para o entendimento dessa questão. Apoiado nas análises de Althusser sobre ideologia, o autor assevera que ela regula as práticas sociais por meio de rituais existentes nas ações materiais do sujeito que atua de forma consciente e em conformidade com a sua vontade. Hall (2003) corrobora com o pensamento althusseriano, atribuindo à ideologia a função de estabelecer e fixar significados. Portanto, a ideologia presente na sociedade globalizada atua na escola por meio do currículo e faz que os indivíduos reconheçam um sistema de representação e assumam uma posição de sujeito. Retomando alguns conceitos aqui debatidos, percebe-se que o discurso pedagógico geralmente se inclina para as questões internas da escolarização. Raramente são apresentadas discussões que abordem a dinâmica social que condiciona o fazer pedagógico e seus resultados, e que geram os condicionantes sociais nos quais todos são vitimados. Muitas vezes, os professores mudam o método, mas raras vezes debatem a distribuição das tarefas, as atribuições e os poderes dos aspectos macroestruturais da educação. A discussão dos fundamentos teóricos e a análise crítica dos conteúdos e das finalidades de cada etapa da escolarização básica ou do nível superior, em geral, ficam longe da pauta de discussão da comunidade educativa.

Assim como em épocas que parecem nunca acabar, o corpo docente centra suas preocupações em como garantir o respeito pessoal e "o adestramento" dos corpos rebeldes. Vale ressaltar que essas escolhas não são tão conscientes e tranquilas quanto possam parecer. Muitas vezes, o que resta ao professor é assumir algumas posições de sujeito que, no entanto, se encontram distantes de uma posição crítica.

Nos fundamentos das teorias educacionais crítica e pós-crítica, a escola é compreendida como parte integrante da rede social e política existente, que caracteriza e garante a manutenção da ideologia divulgada pela sociedade dominante. Pela ótica dessas teorias, a escolarização é uma forma de política cultural, ou seja, o processo de escolarização introduz, prepara e legitima formas particulares de vida social. Nesses pressupostos, a escola tem cultura própria e, portanto, é um espaço de práticas sociais, as quais expressam significados que contribuem para que certas formas de conhecimento sejam escolhidas. Por sua vez, esses significados dão suporte a uma visão de homem, de sociedade e de mundo. A cultura escolar, como prática de significação, caracteriza o passado, o presente e regula como deve ser o modo de agir no futuro. O argumento central é que, ao determinar qual parte da cultura e quais as técnicas e valores são divulgados para racionalizar o conhecimento, bem como quais não têm valor, a escola repete a divisão de classe, estabelece hierarquias e reproduz as desigualdades sociais, por meio de um processo meritocrático, favorecendo o racismo e o sexismo e, por conseguinte, debilitando qualquer proposta de relações sociais democráticas. Enquanto campo político de lutas, imposições de sentidos e resistências, a escola enaltece o etnocentrismo cultural.

Em contrapartida, os pressupostos das teorias críticas e pós-críticas reforçam a ideia da escolarização como o momento para a habilitação social e pessoal para a inserção dialógica dos cidadãos em esferas mais amplas da sociedade – e na própria escola –, precedendo eticamente qualquer diploma técnico ou centramento no desenvolvimento de habilidades, competências ou valores que se relacionem com a lógica do mercado, ponto fundamental do pensamento neoliberal. Da ótica dessas teorias, o processo de escolarização tenciona a "construção de uma sociedade baseada em relações não exploradoras e justiça social" (McLaren, 1997, p. 200). Nessas perspectivas pedagógicas, não só aspectos econômicos devem ser utilizados para a análise dos problemas sociais. Para diversos autores, como Apple, Giroux, McLaren, Moreira, Silva e outros, existem diversos focos e pontos relevantes para um problema e, frequentemente, esses polos estão ligados a interesses de classe, raça e gênero.

Assim, o importante é questionar como e por que o conhecimento é construído da maneira como é, e como e por que certas interpretações da realidade são validadas e exaltadas pela cultura dominante, enquanto, visivelmente, outras não o são. As pedagogias crítica e pós-crítica indagam como nossas percepções do senso comum são constituídas e vividas e como alguns saberes têm mais poder e legitimidade do que outros.

Como se sabe, o conhecimento é socialmente produzido. Isso significa que é produto de determinadas relações sociais. Afirmar que o conhecimento é construído socialmente significa dizer que ele é dependente da cultura, de contextos históricos específicos, logo, da luta pela significação. Quer dizer que o currículo não pode ser analisado à luz de modelos passados (sem desmerecer sua importância para a compreensão do presente), mas precisa ser confrontado com os interesses que permeiam a sociedade contemporânea.

Se esse aspecto for levado em consideração, surgirão questionamentos sobre determinadas construções sociais do conhecimento, tais como: por que os professores tendem a valorizar as opiniões dos alunos de determinada classe social e duvidam ou negam a possibilidade de autonomia e conhecimento de pessoas oriundas das classes populares? Por que os professores de educação física tendem a valorizar mais os alunos que têm melhor rendimento, conforme suas expectativas, do que os outros? Ou por que tendem a valorizar mais (diante do mesmo rendimento) as equipes masculinas que as femininas? E tantas outras questões que podem surgir perante o olhar mais atento às relações sociais e às práticas escolares.

Esses questionamentos incitam a reconhecer e compreender que todas as ideias, valores e significados têm raízes sociais e representam funções sociais que, em diversas oportunidades, dificultam nossa compreensão do mundo, de quem somos, de como os outros nos veem e do nosso lugar nas diversas redes que ligam o social. Essas questões ajudam-nos a entender a dificuldade em compreender e a enxergar como o poder atua e as intenções mais sutis e difusas presentes no jogo do poder cultural.

Se a visão de educação e currículo está implicada nas relações de poder, significa dizer que seus sujeitos estão submetidos à vontade e ao julgamento de outros nessas relações. Nas teorizações crítica e póscrítica, o poder se expressa por meio das linhas divisórias que separam os diferentes grupos sociais em termos de identidades. "Essas divisões constituem tanto a origem como o resultado de relações de poder" (Moreira e Silva, 2005, p. 29). Os questionamentos presentes na tarefa educacional perpassam as análises para entender como o currículo produz identidades que favorecem as relações assimétricas de poder.

Currículo e identidade

As teorias do currículo têm ajudado a compreender a relação entre conhecimento, poder e identidade social e, portanto, a produção social. As teorias da reprodução social mostram que a desigualdade escolar esconde as relações entre cultura e poder. Mesmo assim, parte da teorização crítica do currículo permanece na discussão a respeito da relação entre saber e poder, como se uma fosse determinante da outra. Nessa concepção, para ter poder é preciso deter o saber. O que isso indica é que o poder distorce a distribuição e a produção do conhecimento, o que demonstra uma visão realista. Desse modo, na teoria crítica do currículo, o conhecimento é dado como certo, universal; está aí e quem detém o poder sobre ele pode usufruí-lo, para governar. Para os pós-estruturalistas, entretanto, poder e saber não se dissociam. O poder é uma forma de regulação e controle para governar a conduta humana.

Para Silva (2005), o currículo é um dos espaços centrais da construção da sociedade. Como política curricular, como macrodiscurso, o currículo tanto expressa as visões e os significados do projeto dominante, como ajuda a reforçá-los, a dar-lhes legitimidade e autoridade. Como microtexto e prática de significação em sala de aula, o currículo tanto expressa essas visões e significados como contribui para formar as identidades sociais que lhe sejam convenientes. O currículo, em um sistema educacional nacional, possibilita a construção de uma cultura homogênea por meio, por exemplo, de referenciais curriculares, de um padrão de alfabetização universal e generalizante de uma única língua vernacular etc.

É preciso compreender o currículo a partir da perspectiva de quem é o sujeito do processo educativo. Nessa lógica, enquanto o aluno está no ambiente de escolarização, tem experiências diversas, nas quais aprende tanto conhecimentos, habilidades, comportamentos, adaptações, sobrevivência, valorização, como aprende a inquirir, subjugar, resistir, transgredir etc. Diante dessas proposições, o currículo afirma-se como o conteúdo de toda experiência vivida pelo estudante no ambiente escolar (Gimeno Sacristán, 2000).

O currículo – aquilo que existe na experiência educacional – está implicado com o processo de regulação e governo (Silva, 1995). O projeto educacional, entendido como um projeto político, faz uso do currículo para poder governar os sujeitos da educação. Por sua vez, o projeto educacional, mesmo sendo elaborado nas escolas, somente adquire seus significados a partir das suas relações com os valores sociais e as concepções que seus protagonistas têm de homem e de sociedade. Mesmo estabelecendo seus rituais, códigos de conduta, métodos, formas de avaliação etc., o projeto educacional, seus conteúdos, as experiências escolares e os conhecimentos presentes no currículo estão estritamente vinculados à função socializadora que a escola exerce na sociedade.

Duas concepções sobre o conhecimento têm dominado o currículo. O conhecimento como coisa que se corporifica nas listas de conteúdos, e o conhecimento como ideia. Subliminarmente a essa visão, encontra-se o preceito de que coisas ideais só podem ser passadas de cabeça a cabeça. Por exemplo: o ditado "Pessoas inteligentes discutem ideias e não fatos" esclarece essa proposição e, como se pode notar, tal postura se relaciona intimamente com concepção de cultura.

Conceber o conhecimento como coisa é entender a cultura e a sociedade como estáticas e o sujeito como passivo, apenas recebendo as coisas. Ao contrário, tanto a cultura como o conhecimento dizem respeito à produção, ao fazer algo. Logo, o currículo também é produtivo. Conceber cultura e conhecimento como produção é entendê-los como históricos e políticos. O fato de utilizá-lo para produzir diversas coisas pode gerar dissidência ou concordância, de acordo com a época em que são feitas. Nesse sentido, é impossível adjetivar o currículo de "coisa", dado que sua produção se efetua em determinados contextos sociais, sempre permeados pela relação social.

Essa relação ocorre entre pessoas envolvidas em relações de poder. Há diferentes posicionamentos sociais entre os que produzem o conhecimento, os que o transmitem e os que o recebem. Esquecer o processo de produção do conhecimento é tratá-lo como coisa, é apenas consumi-lo. Por isso, é importante abordar criticamente a forma como se deu a sua produção. Mesmo em se tratando das coisas do currículo (os conteúdos), elas não teriam existência se nada fosse feito com elas. O currículo, assim, não diz respeito somente às ideias, mas às experiências e práticas que delas advêm. Aqui se defende uma concepção de currículo que destaca seu aspecto político de contestação, da possibilidade de apresentá-lo em diferentes e antagônicas construções e produções. Por isso, o currículo não é visto apenas sob o aspecto de fazer coisas, mas de fazê-las com as pessoas. O currículo não se constitui somente de "fazer coisas", que toda comunidade educativa faz, tais como: ler, escrever, ditar, recitar, jogar, participar de competições, permanecer em silêncio na biblioteca, fazer lições de casa, guardar o material escolar ao término de cada aula, sentar-se adequadamente nas carteiras, levantar a mão para poder se expressar, aguardar na fila da merenda etc. O currículo é o que essas coisas vêm fazendo às pessoas. Ele tem de ser visto em suas ações e em seus efeitos. Todos os agentes fazem o currículo e ele faz a todos. Assim, é possível questionar: o que um currículo ginástico, esportivo, globalizante ou desenvolvimentista faz às pessoas? Quais identidades esses currículos formam?

Se ele faz homens e mulheres, ele o faz de forma específica e particular, o que depende das relações de poder. Identificar o que o currículo está fazendo com as pessoas é uma ação fundamentalmente política. Se ele está ligado com o que se faz com as coisas, mesmo elas estando ligadas com as relações de poder (que as institucionalizaram), é possível fazer o que se quiser com elas (aceitá-las, transcendê-las, negá-las, subvertê-las, contestá-las ou até mesmo banalizá-las ou carnavalizá-las). Diante disso, pode-se entender certas ações dos discentes como aceitáveis – esforçar-se para alcançar o rendimento socialmente correto, acatar as ordens sem contestação – ou transgressoras – fazer de conta que está aquecendo, executar os fundamentos do esporte de qualquer jeito, negar-se a fazer uma atividade, atrasar-se frequentemente para a aula, apresentar atestado médico ou de trabalho para não participar da aula etc.

Como qualquer artefato cultural ou prática sociocultural, o currículo constrói cada pessoa como um sujeito peculiar, não sendo coisa nem ideia transportada às mentes humanas. Isso significa que o conhecimento nele transmitido não é dado a pessoas predispostas à cultura e ao discurso. O currículo é uma prática discursiva que transmite regimes particulares de verdade, que se corporifica perante certas narrativas de indivíduo e sociedade – é aí que ocorre a construção de sujeitos peculiares. O currículo não é apenas uma forma de transmissão cultural: é uma forma que posiciona os sujeitos no interior da cultura.

As narrativas corporificadas no currículo afirmam qual conhecimento é tido como oficial e qual – que em sua oposição tem de ser negado para sua consolidação – não é. Elas dizem o que é belo é o que é feio, qual moral é a correta e o que é ser imoral, quem pode falar e governar e quem deve ficar silenciado e ser governado. Elas dizem o jeito certo de jogar, dançar ou fazer ginástica e como não se deve jogar, dançar ou fazer ginástica. Quem deve representar a escola ou classe nos eventos escolares e quem deve assisti-los. Elas dizem quais grupos sociais devem ser representados e quais podem apenas ser representados ou nem sequer possuir qualquer representação. Elas instituem como cânon o modo de vida de um grupo social e negam, desvalorizam e anulam qualquer outro modo de ser. Desse modo, o currículo naturaliza e essencializa noções particulares sobre raça, gênero, classe, idade, habilidades cognitivas e motoras e outras identidades que acabam por fixar os sujeitos e fazê-los aderir a determinadas posições perante a vida, ao longo da exposição a qual todos se submetem no decurso do processo de escolarização. Para Silva (1995) "(...) o currículo é muito mais que uma questão cognitiva, é muito mais que a construção do conhecimento, no sentido psicológico. O currículo é a construção de nós mesmos como sujeitos" (p. 196).

A visão corrente na pedagogia crítica de que o poder desvirtua a vida social e educacional e transforma o saber em uma espécie de "salvador" de quem não dispõe de conhecimento, promove certa ideia de emancipação e autonomia. Esses pensamentos foram debatidos e superados nas concepções pós-estruturalistas. Nessa perspectiva, não ocorre a simples redução "saber é poder"; em vez disso, saber e poder estão necessária e mutuamente imbricados. A regulação e o governo dos indivíduos – o poder – presumem o conhecimento. De modo inverso, saber não está desindexado dos efeitos de poder. Regular, dominar e governar implicam conhecimento como e sobre quem tem de ser governado. Essas ideias indicam que saber e poder não podem estar separados.

Diante dessa lógica é que o currículo estreita-se com o poder. Mais do que a visão crítica de que o currículo esteja impregnado pela ideologia e pelo poder, em uma perspectiva pós-estruturalista, o poder não vem de fora para determinar o modo que assumirá o saber vinculado ao currículo, mas está inscrito no currículo.

É o processo de seleção do conhecimento veiculado no currículo e resultante da divisão entre diferentes grupos sociais que estabelece as desigualdades entre esses grupos, o que foi incluído ou excluído.

Assim, pode-se entender a postura dominante no ambiente escolar por parte dos alunos que se apresentam à escola com o capital cultural esperados pela instituição escolar. Apresentar-se diante dos currículos da educação física com as habilidades motoras necessárias articula-se com o poder. Tal processo implica e determina a identidade e enuncia a diferença. É exatamente nisso que se constitui o poder.

A escola não está ilhada do mundo repleto de conflitos sociais. Apple (2006) afirma que todos os acontecimentos da vida cotidiana não podem ser compreendidos de forma isolada. Eles têm de ser analisados à luz das relações de dominação e exploração que ocorrem na sociedade. Na lógica desse educador, as políticas de educação não se separam das políticas da sociedade. Para ele, a escolarização tem a ver com poder. Como elemento constituinte da história da educação, a educação física, ao longo da sua trajetória, veiculou em seu currículo conhecimentos necessários para a constituição de identidades imprescindíveis ao projeto político organizado pelo Estado. Cabe aos professores de educação física, neste momento de transformações sociais, refletirem sobre sua prática, as identidades que constituem e as diferenças que marcam, e assim somar esforços contra a dominação hegemônica no jogo do poder cultural. Conforme foi explicitado, as questões sobre "o como fazer" camuflaram o "o que se ensina". Diante disso, toda a comunidade escolar deve repensar quais conteúdos fazem parte do currículo do componente. Quais identidades estão autorizadas a entrar na escola e quais não estão. Os saberes produzidos, quanto aos métodos de ensino, devem ser associados aos conteúdos culturais de forma a aproximar os diversos alunos, oriundos de uma variada gama cultural, da produção cultural da humanidade, sem distinção de qualidade ou supremacia, o que significa, na prática, dar voz aos que estavam silenciados, permitindo-lhes tomar um posicionamento sobre o próprio cotidiano, desnudando os meandros pelos quais o poder (exclusivo a determinados grupos) se instaura e se manifesta. Enfim, proceder à construção cuidadosa, consciente, compartilhada e ética do desenho curricular para proporcionar aos jovens a possibilidade de construir um mundo melhor.

CAPÍTULO 5
Aprendendo sobre o Outro: a cultura corporal juvenil[1]

É inevitável que, ao se discutir as diversas etapas da vida, qualquer pessoa se reporte diretamente às vivências pessoais e, erroneamente, aponte as próprias experiências como características e sentimentos universais. É por esse raciocínio que o senso comum aglutina o que é mais frequente nos relatos informais, transformando-os em crenças. Contudo, toda essa ação também está sob o jugo do momento histórico e cultural, ou seja, as ditas experiências sofrem ações do período e do meio em que transcorreram.

Durante os anos 1950, esperava-se que uma adolescente brasileira – pertencente à classe média alta cuja estrutura familiar patriarcal vigorava e a referência era a educação religiosa – tivesse um comportamento discreto e comedido, habilidade para conduzir as tarefas e, se fosse do seu interesse, exercesse uma profissão "adequada" – e permitida – para os jovens daquele momento.

Essa moça talvez tenha experimentado anseios, dificuldades, temores e frustrações em sua busca por esses atributos – ou por sua

---

[1] Este capítulo, escrito em coautoria com Cyro Irany Chaim Júnior, é fruto de uma investigação realizada no âmbito do Grupo de Pesquisas em Educação Física Escolar da FEUSP.

negação –, durante seu "ritual de preparação" para a vida adulta. Dessa maneira, percebe-se que as "qualificações" esperadas para essa moça giravam em torno de comportamentos específicos, perseguidos ou não por ela, que atendessem aos anseios, mesmo que transitórios, de uma classe social e de determinado momento nos quais ela estava inserida.

Uma situação contemporânea pode ser ilustrada por uma jovem de 19 anos, paulistana, moradora da Região Sul, pertencente à classe média baixa. Mora com a mãe, cursa o primeiro ano universitário e trabalha para ajudar no custeio dos seus estudos. Seus pais são separados, ela tem namorado, vários amigos, vai com alguma frequência ao cinema e gosta muito de dançar.

Será possível considerá-la uma jovem típica? Suas características, embora comuns a uma parcela da juventude brasileira, não se aplicam a todos os jovens. Afinal, muitos estão desempregados, não trabalham, têm filhos. Outros só estudam, fazem cursos complementares; alguns moram sozinhos, outros com seus pais. Sendo assim, traçar um quadro característico da juventude se torna difícil.

Como se pode notar, os dois "retratos" indicam que épocas e contextos diferentes contribuirão enormemente para a constituição de pessoas diferentes. A reflexão sobre essas questões permite inferir que a juventude é uma categoria social e historicamente definida, vivida de modo distinto, segundo as condições econômicas, culturais, étnicas, de gênero etc.

Estudo, trabalho, namoros, "baladas e curtições" fazem parte da condição juvenil das grandes cidades, na atualidade, indicando a singularidade dessa fase em relação às demais. Entre outros aspectos, as diferenças de classe e de renda marcam não só o futuro dos jovens, pelas possibilidades de estudo e qualificação profissional, como também a qualidade de vida no presente: condições de moradia, saúde, acesso a bens culturais e à informação, práticas de lazer, satisfação dos desejos de consumo. Além desses elementos, interferem também fatores como o cotidiano violento, a exposição ao risco, a exploração durante o trabalho e outras condições infelizmente presentes nos grupos social-

CAPÍTULO 5 Aprendendo sobre o Outro: a Cultura Corporal Juvenil

mente desprivilegiados dos meios urbanos. Esse quadro é caracterizado por Faraco et al. (2004) como "marcas definidoras de identidade".

Uma primeira tentativa de caracterizar esse momento da vida partiu basicamente de explicações bastante deterministas e gerais, apoiadas em justificativas biopsicológicas, que caracterizavam o período como uma fase transitória, uma preparação para a fase adulta, despida de função própria. Uma explicação que, ao mesmo tempo, removia dos jovens as características infantis e os afastava dos direitos adultos. Entretanto, a perspectiva aqui adotada procura compreender a juventude, observando peculiaridades circunscritas a momentos histórico-socioculturais e tentando perceber se esse período possui função e características próprias.

Dito isso, deparamos-nos com a primeira dificuldade: como nomear esse período da vida? O senso comum e alguns estudiosos do tema muitas vezes utilizam termos como adolescência, puberdade e juventude, como sinônimos. Em oposição, é importante recordar que cada termo carrega significados distintos e constitui-se por representações que são reforçadas pelos posicionamentos já citados.

Adolescência vem do latim *adolescere*, que significa "crescer", ou "crescer para a maturidade", isto é, remete a uma ideia psicobiológica. Jovem ou juventude, também do latim *iuvene* ou *juventute*, referem-se, respectivamente, àquele que não chegou à idade adulta e "a uma série de características que são próprias dos jovens".

Como já mencionado, juventude e adolescência não são sinônimos. Normalmente, quando se fazem referências aos processos que marcam essa fase da vida, as oscilações emocionais e as características comportamentais desencadeadas pelas mudanças de posição na sociedade, assim como o próprio período de pubescência, usa-se o termo "adolescência". Quando se focaliza a categoria social como faixa da população, geração no contexto histórico ou como atores no espaço público, a palavra mais empregada é "juventude".

Do ponto de vista histórico, foi só a partir do desenvolvimento da sociedade industrial que a adolescência foi percebida como período de preparação teórica e prática para o trabalho. A demanda por conhecimento especializado, gerada pela complexidade do processo produtivo, fez evoluir a institucionalização da aprendizagem para o trabalho. Isso de modo algum quer dizer que só a partir da Revolução Industrial os jovens foram incluídos no mundo do trabalho. Muito pelo contrário, a presença juvenil, e mesmo a infantil, nos meios de produção é uma constante em todas as épocas e praticamente em todas as sociedades.

Para Calligaris (2000), a infância é uma invenção moderna. Na visão do autor, o conceito de "primeiros anos de vida" é substituído pela ideia de um período de dependência da assistência parental assídua, que assegura a sobrevivência instaurada no fim do século XVIII com a transformação de uma sociedade tradicional, fundamentada em grandes grupos familiares, para o individualismo dominante na Modernidade.

Sob o olhar individualista da Modernidade, a morte adquire um significado distinto do anterior. Enquanto, na sociedade tradicional, a comunidade era a principal depositária da continuidade de vida, na sociedade moderna a morte se torna fundamentalmente uma experiência individual cujo sentido se dá no próprio espaço de vida do indivíduo. No interior dessa perspectiva, homens e mulheres, cada vez mais ligados às posses e à própria vida, encontram nas crianças, dada sua longa expectativa de vida, a única promessa de continuidade em um meio social cada vez mais individualista e insatisfeito, visto que seus atores buscam mais, são ambiciosos, produtores e consumidores.

Porém, segundo Chipkevitch (1994), foi a industrialização que desencadeou certas mudanças sociais que trouxeram uma visibilidade diferente a esses grupos. Devido, quem sabe, à sua inapetência para a prática de certas atividades características desse novo tempo, os períodos de escolarização e de tutela familiar foram expandidos, o que trouxe enorme transformação no contexto da vida desses grupos. A transformação das atividades executadas (de artesanais para manufatureiras) exigiu novas capacidades para o atendimento das demandas trabalhistas e, com isso, as escolas passaram a organizar seus programas, aumentando-os em número, exigência e especialização. A ampliação da escolaridade obrigatória retardou a incorporação dos jovens à fase adulta, criando assim o período da infância tal como se caracteriza na contemporaneidade (Palácios, 1995).

A obrigatoriedade do processo escolar tomou a infância como foco do projeto educativo, instituindo definitivamente a separação da vida em períodos de formação e maturidade, sendo o primeiro pensado a partir do indivíduo que a criança se tornaria, "viria a ser", pois, durante o período escolar, ainda não era. Como se observa na atualidade, essa condição de ser alguém em preparação negou ao ser humano uma existência com identidade social. Nesse sentido, o fenômeno histórico-cultural da industrialização revolucionou os posicionamentos da infância e juventude na sociedade, trazendo transformações profundas no âmbito da família e da vida social mais ampla.

No intervalo criado para a preparação das funções sociais futuras, entre a fase inicial da infância e a idade adulta, estabeleceu-se, historicamente, um processo no qual a sociedade preconiza condições singulares de existência transacional, denominado socialização. Os diferentes rituais e atividades específicas envolvidos nesse processo dependem da complexidade das experimentações requeridas socialmente e das agências socializadoras (igreja, família, escola, trabalho etc.). A partir dessas colocações, é possível afirmar que, em diferentes momentos históricos, a concepção e a caracterização do jovem se deram de maneira desigual, o que implica a aceitação de que tanto sua incorporação à fase adulta como seu papel social variam, conforme a época e a cultura.

Sobre esse tema, é bem interessante observar o funcionamento desses processos em outros grupos sociais. Rangel (1999), por exemplo, afirma que:

> [...] nas sociedades indígenas, a adolescência não é uma fase nem social nem psicológica, porque não é necessária. O corpo dos jovens está apto para a procriação e em seu processo educativo já treinou a aquisição das habilidades práticas pertinentes ao seu gênero sexual; portanto, cabe à sociedade promover

sua transformação em adulto. Neste sentido, para completar sua socialização essa passagem é realizada através de um ritual de iniciação (p. 150).

Os rituais de iniciação dos jovens são comuns em diversas culturas e podem durar de um a cinco anos, dependendo de como cada sociedade elabora o processo. Esse é um momento delicado, e a mudança de estado não tem retorno. Ao completar o ciclo ritual, a criança será adulta, pronta para casar, procriar e realizar a reprodução social. Em muitos casos, o ritual de iniciação encerra-se com a cerimônia de casamento.

Segundo Lopes da Silva (1992), entre os índios Xavantes, existe a "casa dos solteiros". Os meninos deixam a casa dos pais e mudam-se para essa casa, que deve ficar à vista de todos, onde permanecem, em grupos, por cinco a seis anos. Podem receber das mães e irmãs alimentos que serão repartidos com o grupo. Devem ser recatados e evitar o contato com as mulheres. Nesse período, recebem uma formação para o desenvolvimento das qualidades prezadas nessa sociedade (força, resistência, agilidade, destreza e agressividade) e aprendem técnicas de defesa, caça, pesca, agricultura e de confecção de instrumentos de trabalho e ornamentos pessoais.

A iniciação das meninas púberes Tupinambás realiza-se a partir do primeiro fluxo menstrual (*nhemôdigara*), quando são submetidas a rituais, nos quais suportam as provações estipuladas pela tradição tribal: corte de cabelos com pente de peixe, retalhação da pele das costas, resguardo e jejum por três dias. A partir disso, comem pouco e realizam pequenos trabalhos manuais até a chegada da segunda menstruação. Em seguida, são educadas nas tarefas domésticas sob a vigília das mulheres mais velhas e, então, podem ser dadas a um homem. Segundo Lopes, esse ritual de iniciação implica a observância dos ritos de morte e renascimento. No início da cerimônia, a jovem é tratada como morta para depois ser encarada como um novo ser, dotado de qualidades e capacidades especiais.

Outras sociedades também apresentam suas formas de passagem, como a festa de debutantes realizada para as jovens no seu 15º aniversário, o *bar mitzvah*, da tradição judaica, a confirmação de cristão, no catolicismo, obtida pelo sacramento da crisma ou, simplesmente, os diversos ritos de um passado recente, quando meninos urbanos de classe média alta esperavam, ansiosamente, pelo momento de usarem calças compridas e as meninas, de se maquiarem. Em muitos grupos sociais, vale destacar o direito de chegar mais tarde em casa conferido pela posse da chave da porta de entrada ou a utilização do automóvel da família para passear.

Segundo Da Matta (1982), esses ritos de passagem foram recorrentemente interpretados a partir dos anos 1960. As tendências interpretativas típicas dessa fase concebem-nos como respostas adaptativas obrigatórias, dado que os indivíduos são obrigados a mudar de posição dentro de um sistema. Desse ângulo, os ritos seriam elaborações sociais secundárias, com a função de aparar os conflitos gerados pela transição da adolescência à maturidade, passagem postulada como inevitável, difícil, problemática e conflituosa em qualquer sociedade humana. Nessa perspectiva, o foco são sempre os jovens e o que é percebido como uma arriscada e conflituosa transição dentro da sociedade.

Fato é que os debates em torno de "juventude" geralmente abordam um rol de características essenciais, normalmente tidas como problemáticas, e envolvem tensões entre o mundo juvenil e a sociedade em geral, caracterizadas como "ausência" do que seria socialmente "adequado" – (in)disciplina, (i)maturidade ou (ir)responsabilidade – cujos desfechos, ao menos para os adultos, só podem ser ruins: abuso de drogas, gravidez precoce, violência, criminalidade e acidentes, entre outros.

Nesse sentido, há muito Erikson (1972) definiu essa etapa como perigosa e árdua. Um período de conflito interno, comportamento irregular, emocional, instável e imprevisível, causado por aumento dos desejos naturais e pela maturação sexual, preparatórios para a fase adulta, um compasso de espera para que os jovens exerçam os papéis adultos, ou seja, um período de "moratória social".

A polêmica aqui se apresenta a partir da discussão sobre a forma da passagem da infância para a vida adulta. Quanto mais a infância se afasta de um simples consolo estético e é encarregada de preparar o futuro, mais ela se prolonga. Isso força a invenção da adolescência, que é um derivado da criança moderna. É uma etapa da vida em que o ser humano perde suas características infantis, mas ao mesmo tempo não recebe o *status* de adulto.

Esse aspecto torna visíveis duas concepções: a da continuidade e a da descontinuidade. Se contínuo, o processo ocorre sem conflitos, interrupções ou saltos qualitativos. O argumento, nesse caso, é que a juventude é o produto de toda a história evolutiva anterior. Se descontínuo, há um período de forte turbulência, de reestruturação do período anterior marcado por fortes conflitos. Aqui se destacam as fases de desenvolvimento ou as mudanças qualitativas, como a transição da fase de latência para a genital, descritas por Freud, ou o acesso ao pensamento formal teorizado por Piaget. Independentemente de perceber o período como fase turbulenta ou não, os autores citados apresentam uma concepção de fase preparatória, isto é, fazem parte de um processo transitório.

Dada a relevância dessa temática, frequentemente, o assunto invade os meios de comunicação com as mais diversas conotações. Em recente matéria, em uma revista de grande circulação, Frutuoso e Alvarenga (2005) abordaram a dificuldade dos jovens em escolher a carreira profissional e conseguir o primeiro emprego. Em sua argumentação, com base na realização de entrevistas com alguns jovens, os autores atribuíram tal dificuldade à falta de maturidade que caracteriza esse grupo. O aspecto curioso e que merece destaque no artigo diz respeito à faixa etária média dos entrevistados, que beiram os 25 anos. Diante disso, conclui-se que os comportamentos juvenis típicos estão se estendendo para além dos 20 anos, provavelmente impulsionados pelas novas condições da vida, tais como: a diminuição de postos de trabalho, grandes exigências para a contratação a cargos bem remunerados, aumento do custo de vida, propagação de um estilo de vida consumista pelos meios de comunicação etc.

CAPÍTULO 5 Aprendendo sobre o Outro: a Cultura Corporal Juvenil

Entretanto, as explicações biológicas têm sido intensamente questionadas. A análise dos dados empíricos coletados pela antropóloga Margaret Mead e citados por Calligaris (2000) coloca contra a parede as teorias psicobiológicas. Seus relatos descrevem uma sociedade que habita as ilhas Samoa, na Oceania, onde a juventude é uma transição para a idade adulta, fácil e feliz, ocorrendo de forma gradual. Nessa sociedade, os jovens aprendem a resolver seus conflitos e a discuti-los abertamente e não se constataram os tormentos e tensões tão característicos da juventude.

Nesse sentido, a concepção adotada neste texto compreende a juventude de outra perspectiva. O jovem, assim como a criança ou o adulto, é constituído por uma multiplicidade de experiências, como etnia, gênero, classe social, inserção ou não no mercado de trabalho, local de moradia, situação familiar, orientação religiosa etc. Como ilustração da validade prática dessa assertiva, basta colocar-se no lugar de um professor que atue simultaneamente no Ensino Médio matutino, em uma escola que atenda a uma comunidade de classe média alta e no Ensino Supletivo noturno, em uma escola localizada na periferia de uma grande cidade. Ambos os grupos de alunos encontram-se na mesma faixa etária, mas certamente os conteúdos de ensino, os métodos empregados e os exemplos utilizados serão diferentes. Isso significa apenas que a educação, enquanto prática social, deve corresponder ao universo sociocultural do grupo, e qualquer educador observará que os grupos são culturalmente diferentes.

Barboza et al. (2003) argumenta em favor da contextualização da realidade juvenil em uma perspectiva antropológico-social, já que, como as outras etapas da vida, a juventude não é um fenômeno estritamente individual. Assim, o reconhecimento da multiplicidade de experiências vividas pelos variados grupos culturais condizirá a uma interpretação da juventude como um fenômeno eminentemente plural.

Segundo Corti e Souza (2005), nenhuma definição de juventude, ao longo da história, obedeceu exclusivamente ao critério biológico, ligado ao desenvolvimento do corpo, orientando-se, em vez disso, por parâmetros predominantemente sociais. É no processo de construção de identidades, bastante intenso nesse momento da existência, que os jovens vão construindo seus projetos de vida e, nesse percurso, recorrem à família, aos meios de comunicação, aos grupos de amigos etc., e, na sua organização, reúnem-se em torno de práticas variadas.

Assim, o jovem vai se identificando com traços pertencentes à identidade coletiva, respectiva aos variados grupos dos quais participa, como também encarna traços da identidade de estudante, quando está dentro da escola. Observa-se também a multiplicidade de experiências absolutamente ímpares para cada grupo de jovens (*skatistas*, jogadores de videogame, *rapers*, esportistas, *rockeiros*, *emo's*, *yuppies*, *punks*, pagodeiros, *funkeiros* etc.), que vão ajudar a formar uma cultura específica com fim em si mesma, a chamada cultura juvenil.

A cultura juvenil coloca novos desafios para a família e a escola, dadas suas características como instituições primordialmente socializadoras. Essas instituições, preocupadas com a transmissão cultural e com o futuro, concentram seus esforços na preparação de indivíduos capazes de exercer plenamente seu papel de adultos. No entanto, os jovens estão em um momento de descoberta de si mesmos e do mundo, em busca de novos sentidos e em um exercício efetivo voltado para o presente. Ao desvalorizar ou, até mesmo, condenar essa busca, a sociedade deixa de reconhecer e respeitar as peculiaridades do seu momento de vida.

Se a sociedade for considerada como uma contínua construção que requer instituições e regras mais ou menos estáveis, pode-se dizer que o jovem chega depois a esse mundo. Isso significa que boa parte do que lhe é apresentado foi construída por outros, que insistem em convencê-lo de que este é o "melhor dos mundos".

A reação dos jovens, quando se confrontam com essa situação, pode oscilar entre a integração e a aceitação ou manifestações de descontentamento e ruptura com a sociedade.

Se, de um lado, a família e a escola estimulam o desenvolvimento da autonomia como uma das principais competências a ser desenvolvida pelo jovem, segundo as demandas da sociedade atual, essa mesma sociedade lhe apresenta ligações com outras pessoas, regras e instituições, mostrando, assim, limitações e restrições ao exercício dessa autonomia. Os produtos da cultura juvenil precisam ser entendidos nesse contexto, às vezes como formas de resistência às limitações impostas pela sociedade dos adultos e, em outras ocasiões, forjando uma cultura paralela que se mostra diferente sem, no entanto, afrontar os valores da cultura dominante.

Em uma perspectiva antropológica, o homem tem sido estudado essencialmente como um ser cultural. Sem qualquer julgamento de valor, a cultura adquire a função estruturante do ser humano e dos diferentes cotidianos expressos nos modos de agir de uma sociedade. Segundo Velho (1987), trata-se de um conjunto de crenças, valores de mundo e rede de significados.

Para Santos, citado por Tripoli (1999), a pós-modernidade habita a contemporaneidade. Vive-se em um mundo pós-moderno, na qual homens e mulheres operam mais com signos do que com coisas, em que há preferências pela imagem em lugar dos objetos, pela reprodução técnica do real em vez do próprio real. A sociedade ocidental vem buscando a simulação perfeita da realidade, pois intensifica o real e fabrica o hiper-real, um real que é mais importante que a própria realidade.

Com essa simulação feita pela comunicação e a perda dos reais conceitos, cria-se a falsa impressão de que o mundo dos homens, nos últimos tempos, é apenas a reunião de eventos hediondos da mais variada espécie, e que a solidariedade humana, o amor ao próximo, são apenas lendas do passado.

O resultado desse processo de desmontagem do real pela mídia, no pós-modernismo, é a perda dos conceitos construídos pelo Humanismo. As mensagens enviadas pelos jornais, revistas e televisões procuram incutir no pensamento a nova "ordem moral", e a vida, nesse sentido, transforma-se em uma ilha cercada por um turbilhão de informações, aceleradas pelos meios de comunicação.

É o estabelecimento da era da cultura de massa, de gerações que cresceram sob a vigilância das ideologias do senso comum produzidas na televisão. Assim, o espaço familiar, o espaço escolar e o grupo de amigos são invadidos pela mídia.

Neste sentido, no seio familiar, a vida pode vir a sofrer toda sorte de dificuldades para a adaptação. Dificuldades financeiras podem prejudicar o estabelecimento de relacionamentos, e as diferenças de vestir, falar, comer, passear, viajar muitas vezes são determinadas pelo modelo do jovem de sucesso, apresentado pela mídia escrita e televisiva.

O jovem é o mais ávido consumidor, o paradigma da beleza física, o modelo da frivolidade e do descompromisso. Agora é moda toda a sociedade querer ser jovem. A contemporaneidade caracteriza-se por ser uma era em que a produção de bens culturais e a circulação de informações ocupam papel de destaque na formação moral, psicológica e cognitiva. Trata-se de uma nova ordem social regulada por um paradigma cultural globalizado que constitui uma realidade implacável.

Na opinião de Setton (2002), no Brasil, os meios de comunicação de massa têm impacto intenso e profundo. É comum o jovem pertencer a uma ou mais tribos e, conforme a disponibilidade de recursos, vê-se desde a aquisição de bens materiais específicos até o desenvolvimento de um linguajar característico.

A cultura juvenil tem na gíria um valioso subproduto. Por seu intermédio os jovens adquirem uma representatividade verbal que traduz a luta pela preservação de uma identidade grupal que não somente funde como também busca sustentação à frágil identidade individual dos seus membros. Caracteriza-se pelo seu afã de se reconhecer e a seu grupo de iguais como portadores de uma identidade própria e distinta da identidade dos pais e do mundo adulto em geral.

Da mesma forma, uma marca distintiva da cultura juvenil é a preocupação pela aquisição e posse de determinados artigos, como roupas nacionais ou importadas, usar bonés, tênis, computadores, discos, carros etc. Essa postura pode ser interpretada como uma consequência do afã consumista, advogado pelo neoliberalismo que, como parte do universo pós-modernista, construiu o paradigma do

CAPÍTULO 5 Aprendendo sobre o Outro: a Cultura Corporal Juvenil

"ser é ter" que marca os corpos e identidades dos atores da cultura juvenil e que, apesar de tudo, tem consciência da sua postura diante da necessidade do consumo e dos meios utilizados por jovens de classes diferentes para conseguir a mercadoria desejada.

Não podia ser diferente. Os adolescentes dos anos 1990 foram as crianças que cresceram assistindo à televisão, e a subjetividade que marca o simbolismo dos meios de comunicação de massa transforma-se em poderoso e envolvente discurso. Nesse sentido, a cultura jovem pode ser entendida como um discurso reinventado pela pós-modernidade cujos indícios se constatam no individualismo, indiferença, imediatez, estética corporal, informatização, morte das ideologias, comunicação midiática etc.

Segundo Fischer (1996), desde os anos 1990, constata-se um crescimento massivo do mercado para o público jovem. Pululam encartes e publicações direcionados a eles, tais como a *Folhateen*, da *Folha de S.Paulo*, e revistas como *Carícia*, da Editora Azul, e *Capricho*, da Editora Abril, ambas paulistanas, que se multiplicam nas bancas. Na televisão, programas e novelas exaltam o ideal jovem, entre os quais, destaca-se a série *Malhação*, que vai ao ar pela Rede Globo desde 1995.

Tanto a mídia escrita como a televisiva e, mais recentemente, a digital constituem-se elementos de hipervalorização do corpo e seus significados, o que amplia ideais estéticos do jovem para além dessa fase. Soares e Meyer (2003) salientam que programas como *Matéria-Prima*, da TV Cultura de São Paulo, consideram adultos somente aqueles com mais de 25 anos. E que a rede norte-americana MTV, especializada em programação voltada para a música, considera seu público adolescente até 35 anos.

Como se pode notar, a sociedade de consumo recorre a todos os meios para seduzir os jovens e criar necessidades fictícias. O vazio existente foi preenchido pelo mercado. Agora há desde roupas até preservativos para esse público. Um universo de profissionais também jovens invade a mídia com todo *glamour* e impacto que isso possa trazer: cantores, atores e modelos seduzem os seus jovens admiradores e tornam-se referências na estética e no comportamento.

O corpo jovem substituiu o adulto nas propagandas de uma infinidade de produtos. Ser jovem, nessa sociedade da imagem e do consumo, significa ser saudável, arrojado, inovador, dinâmico, bonito, esportivo, eficaz, competitivo, produtivo e uma infinidade de valores exaltados pelo neoliberalismo.

Concomitantemente à valorização do corpo jovem, a mídia também contribui para a constituição de identidades e formas de viver. Em recente artigo publicado em um magazine de grande circulação, Chaim et al. (2006) apresentam alguns dados que permitem inferir um exercício cada vez mais precoce da sexualidade: segundo a publicação, duas em cada três pessoas entrevistadas iniciaram sua vida sexual antes dos 16 anos.

A cultura juvenil, como se nota, constrói, por meio dos seus poderosos mecanismos identitários, um universo específico e distintivo do mundo adulto – linguagens, marcas corporais, vestimentas, práticas sociais e sexuais. A imersão total e o consequente investimento na formação de uma identidade de oposição à cultura dos detentores do poder (os adultos) contribuem enormemente para a segregação e o afastamento.

Segundo Osório (1989), quando um jovem diz "não adianta conversar com os adultos porque eles não me entendem", está expressando algo mais do que uma diferença de opinião entre ele e os pais. O jovem não está só abandonando o modo de comunicação infantil por uma forma adulta de expressão, como tem uma identidade linguística peculiar à sua condição. Nesse sentido, o grupo de iguais é o continente mais seguro para as ansiedades existenciais do adolescente.

Na medida em que deixam de utilizar os pais ou seus sub-rogados (tais como professores e adultos em geral) como modelos de identificação, os jovens buscam novas pautas identificatórias no seu grupo, cujos líderes tomam provisoriamente o lugar de pais idealizados. Nesses grupos, surge um clima propício ao intercâmbio e confronto de experiências e que permite aos seus componentes a melhor identificação dos limites entre o eu e o outro.

CAPÍTULO 5 Aprendendo sobre o Outro: a Cultura Corporal Juvenil

Cultura juvenil x cultura escolar

O corpo de suposições ideológicas do pós-modernismo oferta determinadas visões sobre conhecimento, natureza humana, valores e sociedade que têm causado certa perplexidade nos profissionais da escola em relação aos desafi os apresentados pelo choque entre as diversas culturas e a cultura da escola.

O conceito de cultura escolar faz parte das discussões pedagógicas mais recentes e é fruto de investigações sobre o cotidiano escolar baseadas em cruzamentos de teorias, ideologias e práticas sociais diversas. Os estudos sobre a cultura escolar têm como foco o currículo, o ensino e a formação de professores e inclui não somente o que se vê e se ouve, como também tudo que se esconde. Segundo Giroux (1997), a teoria educacional tradicional sempre esteve aliada ao visível, ao literal e ao que pode ser operacionalizado.

O não formalizado, conforme Gimeno Sacristán (1999), ultrapassa em muito o currículo escrito e se relaciona profundamente com a cultura vivida realmente nas salas de aula que, a despeito da heterogeneidade da comunidade escolar, apresenta um forte caráter monocultural:

> A cultura dominante nas salas de aula é a que corresponde à visão de determinados grupos sociais: nos conteúdos escolares e nos textos aparecem poucas vezes a cultura popular, as subculturas dos jovens, as contribuições das mulheres à sociedade, as formas de vida rurais e dos povos desfavorecidos, o problema da fome, do desemprego ou dos maus tratos, o racismo e a xenofobia, as conseqüências do consumismo e muitos outros temas e problemas que parecem "incômodos". Consciente ou inconscientemente se produz um primeiro velamento que afeta os conflitos sociais que nos rodeiam cotidianamente (p. 86).

A escola assumiu perante a sociedade a função de socializar o patrimônio cultural historicamente acumulado e perpetuado pela experiência humana. Assim, se a cultura é o conteúdo substancial de todas as formas da educação e da educação escolar, sua fonte e justificativa última, não há educação sem cultura. Pelo trabalho de construções, desconstruções e reconstruções que a educação realiza, a cultura se transmite e se perpetua.

Nesse sentido, a cultura da escola deve interagir de diversas maneiras com o patrimônio cultural ao seu redor. Entretanto, a escola tem feito alguma força para deixar do lado de fora o turbilhão de informações e saberes que circula pelos meios de comunicação de massa, mesmo consciente de que as gerações que a ela chegam na atualidade cresceram sob a vigilância das ideologias do senso comum produzidas na televisão. Tanto o espaço familiar como o escolar foram invadidos pela mídia, que tem no público jovem seu mais ávido consumidor.

Segundo Cruz (2007), as manifestações jovens existentes na maioria das escolas se desenvolvem especialmente ao redor da música e da linguagem que, em geral, são as expressões que mais os identificam. Os casais abraçados no pátio ou corredores, o grupo de teatro, o grêmio estudantil e a indumentária também contribuem para essa identificação. A tatuagem e os *piercings* refletem os atos de poder sobre o próprio corpo, o que expressa certa vontade de mudança, dada sua conotação de diferença estética e recurso de sedução.

Para Cruz (2007), a cultura juvenil pode ser tematizada no currículo escolar, por exemplo, em algumas áreas como as ciências humanas, dada sua característica de lidar com o sujeito no tempo, no espaço e em suas dimensões cronológicas e filosóficas. A cultura juvenil, dado seu potencial expressivo, oferece uma interface com a riqueza dessas expressões para a área de linguagens, ao se analisar a música, a gestualidade, a indumentária, a língua e os códigos. No tocante às ciências da natureza, a biologia é uma forte aliada, quando se discutem as mudanças corporais e algumas dimensões da sexualidade. Enfim, segundo o autor, as possibilidades para a inserção das culturas juvenis são infinitas.

A inserção da cultura juvenil no currículo ressignifica o espaço escolar, intensifica a reflexão e a crítica, além de promover a aprendizagem que, em virtude da atribuição de significado e sentido, terá na

CAPÍTULO 5 Aprendendo sobre o Outro: a Cultura Corporal Juvenil

cultura juvenil um campo de estudos interessante e motivador para os alunos. Daí a importância do conhecimento ser construído de forma contextualizada, estabelecendo relação afetiva entre o que se aprende e o que é aprendido. A partir dessas colocações, é possível afirmar que o ponto de partida da aprendizagem sistemática deve ser o próprio mundo do aluno, seus interesses culturais, percepções e linguagens. A inserção de leituras sociais e apreciações culturais juvenis no currículo escolar transformará a escola em um rico espaço multicultural, ou seja, uma nova maneira de compreender as realidades sociais que, por sua vez, desafiam de modo particular a instituição escolar.

Leocatta (2000) enxerga um ponto positivo nesse aspecto, devido à grande consonância com as transformações sociais. Segundo o autor, o mundo caminha para uma civilização planetária, na qual a convergência entre as culturas não significa a eliminação das diferenças; pelo contrário, quando há disposição de complementaridade e harmonia recíproca, o produto final é digno de admiração. Aos poucos, a sociedade se habitua a alguns dos fenômenos de intercâmbio cultural, o que lança obstáculos à realidade monocultural de transmissão de determinados modos de vida que, ao longo dos séculos, marcou a instituição escolar.

Diante desse quadro, constata-se que um dos problemas mais relevantes da escola é o forte desencontro entre duas culturas: a juvenil e a escolar. Com uma concepção assimilacionista de valorização da cultura dominante, a escola nega a existência de outras linguagens e saberes pertencentes a grupos subordinados, assim como outros meios de apropriação distintos daqueles consagrados por ela própria. Manter essa postura fechada é seguir pensando que a escola deve continuar apenas a transferir a cultura adulta e hegemônica aos jovens. Dias (1999) descreve que o confronto se dá em função do choque entre as características modernas da escola e a cultura pós-moderna dos seus alunos.

Os diversos atores do sistema escolar (equipe técnica, direção, professores, alunos, trabalhadores da educação etc.), mesmo compartilhando o mesmo espaço, vinculam-se de formas diferentes com a cultura escolar, desenvolvendo saberes ora comuns, ora específicos, conforme sua posição nessa teia social e de acordo com seus contextos sociais anteriores. É essa intersecção de subculturas e de representações que constitui a vida cotidiana de cada unidade, sendo, portanto, impossível pensar que as experiências escolares possam ser transferidas integralmente para a vida fora da escola. Esse é um ponto muito relevante, caso pretenda pensar em uma escola que prepare para a vida. A escola é vida, mas é vida escolar.

Nessa linha de argumentação, Van Zanten (2000) entende que é no interior da escola e em interação com processos escolares que alguns alunos desenvolvem condutas desviantes e potencialmente delinquentes, comumente apresentadas como transgressões. Para esses alunos, a escola constitui o espaço de expressão de uma cultura da resistência pelo viés da contestação verbal e não verbal da autoridade dos professores, da recusa do trabalho escolar e participação em atividades proibidas, intervindo pouco na elaboração dessa contracultura.

Em muitas escolas, tristemente, pouco se faz para possibilitar espaços de interlocução ao aluno jovem. O ponto de partida para qualquer diálogo é o reconhecimento do outro enquanto sujeito cultural. Nesse ponto, as dificuldades que a escola apresenta se refletem, por exemplo, na própria organização e ritmo escolares que não viabilizam qualquer aproximação efetiva entre as diversas hierarquias da arquitetura escolar e os jovens. As dificuldades vão desde a frenética e apertada rotina escolar com pouco ou nenhum espaço para o estabelecimento de contatos, além dos burocraticamente formalizados, até a falta de conhecimentos sobre como proceder a essas aproximações. Com isso, a escola demonstra pouco interesse no patrimônio cultural trazido pelos alunos, quando não o desqualifica, e deixa de cumprir seu papel como instituição que potencializa o acesso e a ampliação da cultura.

CAPÍTULO 6
Utopia provisória: o currículo multicultural crítico da educação física[1]

O multiculturalismo crítico se interessa essencialmente pelas relações entre a pedagogia, a justiça e a transformação social. A pedagogia aqui é entendida como uma ação social que se substancializa no currículo, referindo-se, sobretudo, à construção da identidade que, conforme foi discutido nos capítulos anteriores, pode ser vista como o modo pelo qual aprendemos a nos enxergar em relação ao mundo.

Com base no trabalho de Raymond Williams, Giroux (1997) afirma que o fundamento do multiculturalismo crítico é o seu esforço na construção de uma pedagogia política, isto é, fazer que a aprendizagem tome parte da luta do estudante por justiça social. Essa luta requer dos professores uma ação, visando à diminuição do poder dos grupos educativos, políticos e econômicos que, durante um longo tempo, redigiram currículos prejudiciais aos estudantes provenientes dos grupos identitários mais necessitados da sociedade. Mediante a pedagogia crítica, os estudantes analisarão de que forma o poder interfere nas suas vidas e como podem fazer para resistir à sua opressora presença. Com esse propósito, professores, estudantes e

---

[1] Este capítulo foi elaborado a partir do confronto entre a teorização multicultural de Joe Kincheloe e Shirley Steinberg e a pedagogia da crítica da educação física.

membros da comunidade analisarão a natureza da discriminação e a opressão em todas as atividades humanas em função da etnia, classe social e gênero.

Nas sociedades democráticas atuais, a opressão consiste em disposições políticas, educativas e sociais – por exemplo, o uso de exames regionais ou nacionais unificados – que constroem barreiras, dificultando a ação de determinados grupos para reger sua própria vida (Young, 1992).

Para Silva (2001), a educação tem-se reduzido à projeção idealizada de dois tipos de sujeito: de um lado, o sujeito otimizador do mercado, triunfante e predador da nova ordem mundial e, do outro, a produção da grande massa que submete sua força de trabalho a empregos monótonos ou aguarda sem esperança o futuro nas filas de desemprego. Porém, alerta o autor, o que se vê constantemente diante dessa problemática são propostas pautadas em ações voltadas para o capital, a flexibilização do mercado de trabalho, a desregulamentação do sistema, a competitividade, o trabalho em equipe e a necessidade de todos se ajustarem aos efeitos da globalização.

Entretanto, Silva advoga em favor da construção de outros sentidos, de outras respostas e até mesmo novos questionamentos. Ele propõe a ampliação do espaço público e do debate coletivo, visando a melhores condições sociais, entre elas os direitos sociais, a justiça social e a cidadania. É aqui que se vislumbram possíveis alternativas de resistência e transgressão aos ditames dos imperativos econômicos.

Essas preocupações são centrais na tradição crítica na educação. Como ponto inicial de análise, a questão volta-se para o currículo. Tanto para Silva (1995 e 2005) como para Gimeno Sacristán (2000), em cada época, o currículo configurou-se como um espaço singular para que as parcelas privilegiadas da sociedade formatem homens e mulheres para servir e perpetuar seus interesses. O projeto educacional, entendido como um projeto político, faz uso do currículo para poder governar os sujeitos da educação.

É justamente sobre o processo de dominação e regulação, ou seja, a formação de identidades e subjetividades envolvendo os setores des-

CAPÍTULO 6 Utopia Provisória: o Currículo Multicultural Crítico da Educação Física

privilegiados da sociedade, que o currículo multicultural crítico se propõe a atuar. A concepção multicultural crítica do currículo assume para si a análise do processo construtivo do racismo, do sexualismo e dos preconceitos de classe social dos pontos de vista econômico, semiótico (representações simbólicas de determinados grupos), político, educativo e institucional. Conscientes dessa dinâmica, os professores multiculturalistas críticos procuram conhecer de que maneira essas forças culturais moldam a conduta e a identidade dos estudantes, classificando-os em hierarquias de dominação. Dessa forma, os professores passam a investigar os próprios alunos e, fortalecidos por esses conhecimentos, são capazes de ajudá-los na superação de barreiras sociais, fazendo que se interessem pela análise das distintas formas de interpretar a vida e pelos métodos de resistência à opressão, visando à composição de uma comunidade democrática e multicultural. Ao percorrer um currículo como esse, os estudantes começam a se identificar como atuantes na luta política contra as forças opressoras em prol das democráticas, o que permite a tomada de consciência do âmbito pedagógico, levando-os ao reconhecimento das forças que modelam sua identidade, as distintas etapas da conscientização reflexiva e as estratégias necessárias para o fortalecimento pessoal. Para que os estudantes experimentem esse processo transformador, é necessário que os professores tenham-no vivido anteriormente. Os educadores multiculturalistas críticos têm de compreender qual é sua situação na realidade da teia social, com relação aos eixos de poder de natureza étnica, classe social e gênero. Dessa forma, o professor multiculturalista crítico é um estudioso da pedagogia e sua inter-relação com o poder, a identidade e o conhecimento. Com essa postura, adquire a capacidade de determinar as formas de produção e transmissão do conhecimento. Mediante a apreciação da complexidade e sutileza desse processo, os professores multiculturalistas críticos traçam os procedimentos pelos quais o poder se "inscreve" nos indivíduos e seus caminhos até a colonização dos desejos e do prazer. Os professores compreendem, desse modo, que sua prática profissional envolve a eles mesmos, aos estudantes e aos conhecimentos derivados do componente curricular, com as experiências diárias de pessoas que lutam por viver de forma justa e democrática, tanto no âmbito público como no privado. É preciso "empoderar" os estudantes e os professores (Kincheloe, 1997).

As dimensões pedagógicas do multiculturalismo crítico vêm determinadas pelas opressões raciais, de classe social e de gênero implícitas no modo como constroem o conhecimento, os valores e as identidades nos distintos espaços sociais. Por exemplo: quando, na escola ou na rua, as crianças brincam de "polícia e ladrão" e aqueles que representam os policiais conduzem os colegas "prisioneiros" até a "cadeia", empurrando-os e maltratando-os, o conhecimento dessas posturas em relação aos "prisioneiros" é fruto das representações de preso e polícia inscritas em algum nível da consciência. Podemos reagir a essas inscrições de várias formas, consciente ou inconscientemente, quando as vemos nos filmes, nos programas de televisão ou na rua. Contudo, quando essa inscrição cultural é acrescida de muitas outras semelhantes a ela, descobriremos que os blocos de poder internos às várias estruturas de etnia, classe social, gênero, religião, lugares geográficos, escolarização etc. produzem diversas identidades individuais e sociais.

A validez dessa assertiva se depara com a problemática de que em quaisquer conhecimentos produzidos (da cultura dominante à cultura subordinada) podem ser identificadas as pegadas do poder. Se pensarmos na escola como o espaço da socialização da cultura, significa que a pedagogia estará em algum grau comprometida com o poder e, consequentemente, tanto as aprendizagens realizadas no contexto escolar como todos os julgamentos estabelecidos ao longo da vida encontram-se à mercê das relações de poder.

Como alternativa, McLaren (2000b) apresenta a defesa de uma postura perante o mundo, baseada no multiculturalismo crítico, em virtude da sua preocupação permanente com investigação, por exemplo, da idiossincrasia branca, sua situação privilegiada, seu caráter de norma e seus disfarces. Segundo o autor, essa análise conduz os brancos heterossexuais a reconsiderarem o conceito da própria etnicidade e masculinidade na construção da sua consciência, ins-

CAPÍTULO 6 Utopia Provisória: o Currículo Multicultural Crítico da Educação Física

tando-os a reformular a idiossincrasia branca e masculina dentro de um marco multicultural crítico que valorize a justiça, a igualdade e a vida comunitária. De que forma são consumados os privilégios, a imposição de normas e a camuflagem dos valores masculinos no sistema educativo? Nesse campo, o currículo multicultural crítico visa abrir espaço para o estudo das práticas sociais/corporais pertencentes tanto aos diversos grupos étnicos como às mulheres, analisar criticamente o predomínio das manifestações da cultura corporal brancas e masculinas. O patriarcado (supremacia masculina), assim como as distintas formas que ele utiliza para subordinação das mulheres com a intenção de submetê-las, cria uma base de conhecimentos dominada pelos homens e normatiza os pontos de vista masculinos. O mesmo pode ser dito em relação à classe social.

Apple (1999) é de opinião que a manutenção do tratamento injusto e carregado de preconceitos destinado aos homens e mulheres dos grupos desprovidos de privilégios são desencadeados comumente pela falta de conscientização sobre as estratégias utilizadas pelo poder para, mesmo camuflado, atuar de forma a manter e perpetuar a dominação e subordinação. Daí a necessidade de, não só na escola como também nos outros espaços sociais, os agentes culturais promoverem ações que possibilitem o desvelo das suas artimanhas.

Para que seja possível explicar os processos particulares de subordinação, os educadores devem conhecer as dinâmicas da etnia, classe social, gênero e as distintas maneiras pelas quais suas interseções produzem tensões, contradições e interrupções na vida diária. Caso contrário, apenas serão formados alunos mais bem informados e com profundo sentimento de dó e superioridade sobre o Outro.

Kincheloe e Steinberg (1999) afirmam a impossibilidade de compreender as práticas sociais de opressão dentro de um contexto estrutural de lógica linear. Isso significa, por exemplo, que os preconceitos de gênero encontram-se presentes no terreno das macroestruturas econômicas e patriarcais. Assim, encontraremos os postos mais bem remunerados preenchidos prioritariamente por homens que, em média, possuem melhores salários. As diferenças nas vidas

das mulheres com respeito à dos homens, em geral, e nas oportunidades econômicas, em particular, giram em torno das desigualdades de poder. Assim, as mulheres pertencentes a grupos étnicos não brancos ou as pertencentes às camadas desprivilegiadas economicamente experimentam o gênero como um dos aspectos parciais de um bloco maior de relações sociais nas quais reina a desigualdade. Para os autores, o modo como se experimenta a etnia, a classe social ou o gênero depende de intersecções com outras hierarquias de desigualdade, nas quais os privilégios de uns se mantêm à custa da opressão dos outros.

As ocorrências macroestruturais do mercado de trabalho em específico e da sociedade, em geral, podem ser transpostas para a educação e a escola, senão vejamos: considerando que em muitos sistemas os currículos são decididos centralmente, os pontos de vista do grupo dominante, fazendo uso do seu poder, serão impostos aos demais grupos. Considerando que grande parte dos professores formadores de professores encontra-se alocada nos estratos medianos ou privilegiados do tecido social, dado que, ao menos na trajetória escolar, alcançaram níveis mais elevados que seus colegas em fase de formação inicial ou continuada, o que desencadeia vantagens econômicas, muitas vezes acumulam à sua já privilegiada situação, as condições de sexo, etnia e classe. Consequentemente, os exemplos utilizados, as atividades propostas, os referenciais de vida etc. estão permeados por determinadas crenças sobre o mundo influenciadas pela sua posição dominante naquele contexto. Freire (1970) identificou esse processo ao denunciar a prepotência que por vezes invade os homens e mulheres que se encontram em posições simbolicamente superiores nas hierarquias de etnia, classe e gênero, impossibilitando sua compreensão de como eles próprios são afetados por tais intersecções nos diferentes grupos sociais.

Por essa razão, o professor precisa ter muita atenção ao selecionar as atividades de ensino, as temáticas dos projetos, os conteúdos de aprendizagem, as formas de avaliação e, principalmente, refletir a respeito de seu posicionamento sobre os aspectos do cotidiano social.

CAPÍTULO 6 Utopia Provisória: o Currículo Multicultural Crítico da Educação Física

Todos esses elementos veiculam certa ideologia que, sem a devida atenção, pode colaborar para a construção de identidades subordinadas, reforçando o preconceito e a injustiça social.

Como ilustração, convém analisar o fato de que, comumente, os professores de educação física do sexo masculino dão menor atenção às temáticas que envolvem experiências rítmicas e expressivas. Assim, quando essas temáticas são trabalhadas, encontram-se deslocadas no currículo, como algo menor e menos importante. Esse pequeno e incômodo espaço no currículo às vezes é justificado pela alusão à prática da dança como exclusivamente feminina, isto é, afirma-se que "as meninas gostam de dançar" e, por isso, a alternativa é deixá-las dançando durante a aula em locais restritos, enquanto outras possibilidades são disponibilizadas à escolha dos meninos. Essa postura, mais comum do que se imagina, permite atrelar à condição feminina e à dança uma diminuição da sua importância, dada sua condição de conteúdo representativo de um grupo com menor poder, ou seja, desqualificam-se a dança e as mulheres. Quando o professor justifica a pouca inserção da dança no currículo pela própria "incompetência" para abordar essa temática, frequentemente adota essa postura alijado da consciência que, enquanto aluno da educação básica e superior teve acesso também a um currículo sexista, sofrendo, portanto, as consequências do que agora perpetua – a vítima de ontem transforma-se no carrasco de hoje.

Dado que a etnia, a classe social e o gênero atuam às vezes de forma complementar, e outras, de forma contraditória, não podemos enxergar na experiência escolar um reflexo simplista do poder social. A experiência escolar é tremendamente complexa e, enquanto existam e se apliquem padrões gerais de subordinação, esses padrões influirão das formas mais diversificadas sobre os indivíduos. Freire (1970), Giroux (1988) e McLaren (2000b) sugerem como alternativa a substituição de procedimentos didáticos impositores de poder por uma visão dialógica da prática escolar.

Na ótica dos autores, os estudantes procedentes das camadas populares não são relegados a cursar determinadas escolas que obrigatoriamente os colocarão em patamares sociais inferiores aos seus colegas das camadas privilegiadas. O que se dá, na realidade, é um somatório das forças da etnia, classe social e gênero que cria um campo com múltiplos níveis nos quais os estudantes adquirem um sentido de suas opções e negociam suas possibilidades educativas e econômicas. Tais dinâmicas se combinam de modo a criar, para alguns, um campo maior que ofereça mais opções e, para outros, um campo bem mais limitado. Nesses contextos, os estudantes lutam por atribuir sentido às suas vidas em meio ao embate com três ou mais divisões do emaranhado social por vezes distintas.

Quando o multiculturalismo crítico integra e conecta o estudo da etnia, da classe social e do gênero à natureza da construção da consciência, à produção de conhecimento dos componentes curriculares e aos modos de opressão, adquire uma visão social bem mais ampla que os interesses particulares de determinados grupos sociais. Esses interesses possuem sua importância e merecem consideração no seio de uma pedagogia crítica que, ao final, construirá uma política democrática que enfatiza a diferença dentro da unidade. A unidade de diferentes grupos étnicos, de classe social e gênero pode ser, segundo Kincheloe e Steinberg (1999), construída ao redor de uma noção bem delimitada de justiça social e comunidade democrática, na qual, influenciada pelo contexto multicultural crítico, contempla-se a necessidade de momentos separatistas, integracionistas e pluralistas. Nesse sentido, o currículo deve abrir espaços para que os *rappers* e *skatistas* estudem melhor o *rap* e o *skate* e também as demais práticas corporais, enfim, para que todos estudem o afoxé, o *funk* etc., sempre acompanhados das histórias de luta desses movimentos pelo seu reconhecimento e dignidade, isto é, não se trata de incluir essas manifestações culturais no currículo como se assistíssemos a um filme que, em seguida, será esquecido. Trata-se de estudá-las de forma contextualizada, acompanhada pela participação dos representantes dos grupos que as recriam, desenvolvem e praticam. Isso reforça a pauta a respeito do risco da tergiversação que essas práticas podem sofrer no currículo, quando se dá uma "visita" descontextualizada.

CAPÍTULO 6 Utopia Provisória: o Currículo Multicultural Crítico da Educação Física

Paralelamente, todos esses grupos têm a necessidade de se unir na luta comum pelo fortalecimento da democracia. Os professores multiculturalistas críticos buscam um multiculturalismo que entenda a natureza específica da diferença, mas que também aprecie a adesão comum aos princípios de igualdade e justiça. A intenção desse professor é reconhecer e problematizar as categorias que construíram as representações das identidades, para que o estudante possa compreender os significados das diferenças que separam os interesses dos indivíduos de grupos diversos. McLaren (1995) advoga que outro modo de expressar essa adesão comum à igualdade e à justiça consiste no comprometimento com o conceito de solidariedade.

Giroux (1988) sustenta que o conceito de solidariedade é mais inclusivo e transformador que o conceito de consenso. O aceite dessa posição e o reconhecimento comum da patologia cultural, assim como a crença de que as pessoas devem trabalhar unidas para encontrar um remédio, significa aceitar primeiro o valor da solidariedade. Um contexto solidário proporciona, de um lado, a ética entre os grupos sociais que lhes garanta o respeito suficiente para ouvir ideias diferentes e utilizá-las na consideração dos valores sociais existentes, e, de outro, a consideração da interconexão das vidas dos indivíduos de diferentes grupos, até o ponto em que todos tenham de justificar suas ações uns aos outros. Aqui Giroux não quer propor uniformidade alguma; sugere somente a promoção de um trabalho coletivo, para que se alcance uma transformação social benéfica a todos. Nas escolas, essa apreciação pela diferença e por seus benefícios políticos e cognitivos pode se manifestar em compartilhamentos dialógicos dos diversos pontos de vista. Nesse processo, estudantes e professores consideram seus pontos de vista e as formas pelos quais os expressam como posicionamentos particulares perante as coisas do mundo e, a partir daí, atuar. Contudo, à medida que os alunos vão progredindo no currículo escolar mediante a sucessão de atividades, ficam expostos a um número cada vez maior de vozes divergentes, e esse processo termina por conduzi-los a outras formas de ver as coisas. Desse modo, amplia-se o círculo de compreensão, já que a diferença expande sua imaginação social e educativa. Somente o esforço de compreender os esquemas sociais daqueles que pensam e agem de forma diferente possibilita a descoberta dos próprios sistemas de crenças e preconceitos. Quando professores e alunos ampliam seu círculo de compreensão, ao entrarem em contato com outras perspectivas, adquirem uma série de novas possibilidades de compreensão e análise extremamente valiosas em um mundo multicultural. Falando desse modo, essas novas posturas podem parecer muito simples.

Uma observação descompromissada das grandes cidades brasileiras, por exemplo, permite constatar a multiplicidade de grupos sociais que, crescentemente, ocupam espaços geográficos cada vez menores. Assim, a capacidade de viverem e trabalharem unidos e em solidariedade está se configurando como algo necessário à sobrevivência da própria sociedade, daí a relevância dessa discussão no âmbito educacional. Em uma escola compromissada com o desenvolvimento de saberes que permitam a convivência solidária, o currículo multicultural da diferença proporcionará aos estudantes a aprendizagem das disparidades culturais que giram em torno das perspectivas da etnia, classe social e gênero a luz das questões mais amplas da pedagogia, justiça e poder.

Kincheloe e Steinberg (1999) entendem que o multiculturalismo crítico é inseparável da análise paradigmática dos círculos acadêmicos dos últimos anos. Convencidos da impossibilidade de separação entre a cultura e a ideologia, argumentam que o eurocentrismo moderno com sua epistemologia científica e sua ideologia de interpretação singular não é a única forma de atribuir significado à vida.

Os multiculturalistas críticos têm expressado seu desacordo com a modernidade eurocêntrica e suas soluções para os problemas sociais, políticos e educativos. Alegam que a universalização da experiência européia da masculinidade como produtora da normalidade opera em defesa do racismo e sexismo. Nesse sentido, os multiculturalistas críticos colaboram para o desenvolvimento e para a prática de uma crítica pós-moderna da modernidade eurocêntrica, sobretudo com denúncia da tradição de descontextualização, dissimulação e fragmentação dos produtos culturais dos outros grupos por ela empreendida, até que os indivíduos desenvolvam a insensibilidade a determinadas experiências humanas (Hall, 1997).

Por exemplo: algumas concepções modernas sobre pesquisa educacional vigentes nos anos 1970 e 1980 seccionaram o fenômeno educativo para estudá-lo por partes, chegando a separar a educação da sociedade. Com o propósito de simplificar o processo analítico, dividiram arbitrariamente as disciplinas-objeto de estudo, sem levar em consideração um contexto maior. Esses pressupostos influenciaram grandemente a reforma educativa dos últimos anos, por intermédio de muitas ações formuladas sem considerar as enormes inquietações de ordem política e cultural. Quando se estabelecem currículos unificados ou sistemas de avaliação centralizados, criam-se novas formas de patologia educativa e injustiça social, as quais, costumeiramente, castigam àqueles que se encontram afastados das correntes dominantes da opinião. Desse modo, a crítica pós-moderna ajuda os marginalizados em razão da sua etnia, classe social e gênero a recuperar suas histórias, epistemologias e modos de atribuir sentido à vida. Mediante o estudo da modernidade eurocêntrica, assim como suas virtudes e limitações, o multiculturalismo crítico pós-moderno ajuda os oprimidos a conhecerem os modos de atuar do poder e os ensina a forma de responder às suas expressões. Assim, podem-se desenvolver novas identidades e estratégias políticas que atuem na reconstrução das relações sociais.

Em obra anterior (Neira e Nunes, 2006), já se afirmou que as propostas curriculares da educação física desconsideraram os conhecimentos produzidos em parte ou totalmente por grupos subordinados. A trajetória curricular do componente (currículo ginástico, esportivista, globalizante, desenvolvimentista, saudável e plural) sequer menciona o estudo de temáticas advindas das manifestações corporais dos grupos desfavorecidos. O absoluto predomínio dos produtos culturais euro-americanos colabora na formação de identidades superiores para aqueles pertencentes a grupos que percorrem esses currículos com relativo sucesso, e a perpetuação das condições de marginalizados para grupos que reagem aos currículos impostos, neles fracassando, em razão de pouco ou nenhum traço identitário.

Essa colocação tem o intuito de aqui fomentar o desenvolvimento no interior das escolas de uma postura multicultural crítica da educação física pela inserção no currículo dos conhecimentos subordinados, no sentido empregado por Foucault (1992). Isso significa a tematização ao longo do percurso escolar das práticas corporais, das histórias, das biografias, das formas latentes e manifestas de dominação e regulação, de resistência e luta, e do ponto de vista dos oprimidos manifestos pela cultura corporal, alcançando assim a reconfiguração do conhecimento oficial. Não se trata do esforço multiculturalista plural por acrescentar esses conhecimentos culturais ao currículo, conforme se identifica em algumas propostas oficiais (Brasil, 1997 e 1998). Para McLaren (2000a e 2000b), o multiculturalismo crítico usa esse conhecimento com o fim de desafiar as perspectivas, crenças e metáforas estruturais do currículo da cultura hegemônica.

Os multiculturalistas críticos reafirmam o princípio de que um bom ensino é aquele que considera seriamente a vida dos alunos, abrindo espaços para a diversidade de etnias, classes sociais e gêneros das populações estudantis. O que se propõe é que os educadores investiguem e recuperem as experiências dos estudantes, analisando seus saberes sobre as práticas corporais e as formas pelas quais suas identidades se inter-relacionam com essas manifestações. O multiculturalismo crítico insiste que os professores aprendam a empregar essas experiências de tal maneira que sejam respeitadas por toda a coletividade. Contudo, aqui não se entende o respeito simplesmente pela presença de conhecimentos oriundos dos alunos no currículo. Entendemo-lo como uma intervenção pedagógica que move os estudantes a olhar mais além das próprias experiências, seja qual for o seu posicionamento no emaranhado da realidade. O fato de parte dos alunos ser composta por nordestinos ou pertencente a qualquer outro grupo social não significa que um professor multiculturalista crítico tenha de idealizar suas experiências. As identidades são múltiplas e fragmentadas, portanto, as experiências da maioria dos estu-

CAPÍTULO 6 Utopia Provisória: o Currículo Multicultural Crítico da Educação Física

dantes são contraditórias, ambíguas e complexas, e a missão do professor é fazer que eles, os demais professores e os membros da comunidade tomem conhecimento delas, à luz do poder dominador e da cultura hegemônica. Um currículo multicultural crítico permite que os estudantes percebam como as próprias experiências constituem as formas de ver o mundo e de processar as informações e, segundo Apple (2001), aos professores lhes possibilita sinalizar as maneiras pelas quais um currículo contaminado de racismo, sexualismo e preconceitos de classe configura as imagens dos alunos e sua consciência social. Os professores multiculturalistas críticos devem atuar no sentido de proporcionar aos alunos o potencial de mudar as coisas de baixo para cima.

Embora suprimido pelos "guardiães" acadêmicos e sociais por meio das suas atribuições desqualificadas, o conhecimento subordinado representa papel primordial no multiculturalismo crítico, pois, mediante um cultivo consciente desses conhecimentos, são possíveis visões alternativas democráticas e emancipadoras da sociedade, da política e da educação. Kincheloe e Steinberg (1999) argumentam que o conhecimento subordinado, quando confrontado com o currículo tradicional, emprega um conjunto de conceitos que desafiam as crenças culturais invisíveis, inseridas em todos os aspectos da educação e da produção de conhecimentos. Os conhecimentos subordinados das camadas desprivilegiadas economicamente, dos afrodescendentes, dos indígenas ou de muitos outros grupos, quando vem à tona, refutam o ponto de vista dominante da realidade. Ao enfrentarem o conhecimento subordinado, indivíduos pertencentes aos grupos dominantes apreciam o fato de que nas mais diversas questões existem perspectivas que não conhecem ou que estavam submersas. Dessa forma, começam a perceber que seu percurso formativo (escolar) e suas experiências com os meios de comunicação (currículo cultural) desprezaram uma série de elementos e pontos de vista que só em contato com o currículo multicultural crítico passam a ter acesso, bem como toda informação produzida por grupos marginais. Para exemplificar esse fenômeno, pode-se mencionar o fato de que, tradicionalmente, o currículo dos cursos de formação docente da educação física nos conteúdos relativos às disciplinas Primeiros Socorros ou Socorros de Urgência focaliza apenas uma perspectiva, a da medicina ocidental, para o atendimento às contusões ou às escoriações. O que diria a medicina chinesa sobre os tratamentos aprendidos? E a cultura indígena, como trataria seus lesionados? Etc.

Os currículos que incluem as perspectivas subordinadas fornecem um belo exemplo sobre a complexidade do processo de produção do conhecimento e sobre a forma com a qual esse processo formata as opiniões que temos sobre nós mesmos e sobre o mundo que nos rodeia. Caso os conhecimentos dos homens e mulheres que compõem os setores mais humildes da teia social forem levados em consideração, o currículo não será o mesmo. Em caráter de suposição, o que aconteceria se os professores de educação física na escola submetessem a uma profunda análise a visão romântica da educação por meio da prática esportiva que lhe atribui benefícios, como desenvolvimento de competitividade, cooperação, respeito ao outro etc., acrescentando ao currículo a contextualização dos inúmeros episódios de maus-tratos, racismo, humilhação, suborno, *doping* etc., ligados ao esporte? No mesmo sentido, quais seriam os efeitos sobre as identidades dos alunos se os professores contemplassem e discutissem respeitosamente também os pontos de vista da população desprivilegiada economicamente sobre seus hábitos alimentares ou se debatessem com dignidade as habilidades com malabares das crianças que trabalham nos faróis das grandes cidades etc.?

Os blocos de poder da cultura dominante que regem as sociedades ocidentais neste início de milênio parecem alheios à necessidade de ouvir as pessoas marginalizadas e de considerar seriamente seus conhecimentos. Os detentores do poder não se dão ao trabalho de ouvir informações que pareçam não favorecer à sua hegemonia, isto é, à sua capacidade de ganhar o consentimento dos oprimidos com respeito à sua autoridade. O conhecimento que provém dos subordinados e que serve aos seus propósitos é subtraído, quando aparece graças à estratégia empregada pelas correntes dominantes para

CAPÍTULO 6 Utopia Provisória: o Currículo Multicultural Crítico da Educação Física

fazê-lo parecer daninho e maligno aos demais cidadãos. Um bom exemplo pode ser o discurso moralizante que envolve o *rap* e o *funk* e as medidas "preventivas" adotadas pela escola para mantê-los fora do currículo. A cultura dominante atribui a essas manifestações corporais uma forte conotação violenta e erotizante e, portanto, os professores, alheios aos subterfúgios que o poder utiliza para silenciar as vozes dos oprimidos, recriminam qualquer alento às referidas danças no interior da escola, justificando sua postura com a alegação absurda de que o *funk* estimulará a sexualidade, e o *rap*, o crime e o uso de drogas. Com isso, adotam-se medidas profiláticas, visando à correção dessas deturpações com a proibição de ouvir, tocar e cantar essas músicas, mediante uma postura censora. Por outro lado, permitem e até estimulam outras músicas, preferivelmente da escolha do corpo docente. A consequência disso é a intensidade com a qual os meninos se recusam a participar das apresentações de dança e as meninas, com muita relutância, aos ensaios, terminam por ceder e apresentarem coreografias absolutamente descontextualizadas, com vestimentas que não pertencem à sua cultura e distantes do projeto pedagógico da escola.

Com uma ação pedagógica fundamentada nos estudos culturais – permanentemente comprometidos com a reversão das condições de opressão –, a tematização no currículo do conhecimento subordinado potencializará novos métodos para validar a importância e a oportunidade das vozes divergentes, que, como já foi dito, não só foram excluídas das aulas e dos currículos da educação física, como também de outras fontes de produção de conhecimento como a cultura popular. Embora a cultura popular tenha sido convertida em uma força pedagógica importante no currículo do componente – haja vista sua presença, por exemplo, na alusão aos jogos tradicionais infantis –, ela tem cedido às análises por parte dos detentores do poder que pretendem detectar suas expressões emancipadoras e neutralizá-las por meio de uma reconfiguração do popular, comercializando-o como mais um produto. Mesmo que nem sempre tenha êxito, é visível a crescente descaracterização da cultura popular e das suas vozes libertárias por meio da televisão, do cinema, da música popular, Internet e outros geradores de cultura (McLaren, 1997). Como ilustração desse fato, basta verificar a grande quantidade de brinquedos e jogos populares que foram industrializados e comercializados; a espetacularização dos desfiles das escolas de samba, a gravação em CD de cantigas, músicas e contos da cultura popular ou a reconfiguração da música caipira em música sertaneja para o grande público.

Voltando ao conhecimento subordinado, considerando que sua aprovação não depende do consentimento dos donos do poder, o currículo escolar pode confrontar os indivíduos procedentes dos centros culturais elitistas com os pontos de vista dos oprimidos. Os porta-vozes da cultura dominante, que nunca pararam para pensar em como são vistos pelo povo socialmente marginalizado, deparar-se-ão com aspectos altamente desconcertantes.

Os integrantes das formações sociais dominantes jamais imaginaram experimentar o que pensam os que não são vistos. Um possível resultado disso é a formação de uma ideia bem mais complexa dos dominantes pelos oprimidos que o inverso. Assim, as mulheres possuem determinadas representações sobre os homens que eles de forma alguma conseguem elaborar sobre elas; o mesmo acontece com os afrodescendentes, que compreendem melhor as motivações dos brancos que o inverso, os empregados dos patrões etc. Não há dúvidas de que o acesso a esses conhecimentos por todos os grupos proporcionará uma representação bem diferente do mundo e dos processos que o configuram. Os professores que utilizam os pontos de vista dos subordinados se convertem em agentes transformadores que, ao ajudarem os indivíduos a identificar sua opressão ou a compreenderem sua possível cumplicidade com ela, alertam a comunidade sobre seus aspectos ocultos e suas condutas encobertas. Esse processo de identificação convida aos estudantes, professores e demais membros da comunidade a refletir sobre a própria vida, de forma a desenvolver certa capacidade para controlá-la. Não se pode esquecer de que a História sempre foi contada pelo ponto de vista do homem branco e ocidental.

CAPÍTULO 6 Utopia Provisória: o Currículo Multicultural Crítico da Educação Física

Kincheloe e Steinberg (1999) alentam que a pedagogia comprometida com o conhecimento subordinado possui amigos nas camadas mais baixas. No multiculturalismo crítico, a visão "de cima" do currículo eurocentrista e masculino da classe média alta dá lugar à inclusão das visões "de baixo" desse currículo. Como consequência da compreensão e do respeito pela perspectiva do oprimido, tal posição epistemológica se utiliza das vozes dos subordinados para formular uma reconstrução da estrutura educativa dominante. Trata-se de uma reorientação radical toda vez que se tenta fortalecer os que carecem de poder. A validação do seu modo de pensar abrirá novos caminhos de conhecimento para todos. Afinal, como seria a História da humanidade narrada pelas mulheres?

Se um currículo multicultural crítico da educação física expõe as artimanhas do poder dominante para a invalidação dos saberes dos grupos marginalizados, uma das consequências será a submissão à análise dos diversos procedimentos "naturalizados" e dos seus efeitos políticos: formatos dos campeonatos escolares, a existência de turmas de treinamento na escola, a terceirização do componente em algumas instituições, a lógica do "quem ganha, fica" durante os jogos do recreio, a separação por sexo para a realização das aulas, a inocência da obrigatoriedade de, em alguns jogos, dar a chance para todos tocarem na bola etc.

Estendendo a lista de exemplos, também se pode dizer que a incitação do poder público às escolas para escolherem suas "seleções" e treinarem suas equipes, visando à participação em certos eventos, comumente se esquece de que tais medidas se encontram fundamentadas em determinadas visões de habilidade e rendimento que deviam ser submetidas à discussão. Os multiculturalistas liberais, pluralistas e essencialistas de esquerda bem-intencionados desenham currículos baseados no reconhecimento das experiências marginais; no entanto, a superficialidade com que desenvolvem as atividades permite mascarar as diferenças e apresentar soluções simplórias para problemas sociais de alta complexidade. Alguns bons exemplos desse fenômeno são: a utilização instrumental de qualquer espécie de jogo, como os jogos cooperativos, jogos para o desenvolvimento das inteligências múltiplas, jogos de quebra-gelo etc. A simples apresentação, explicação e vivência do jogo, embora divertida, participativa e animada, só contribui para reificação das condições sociais. Essa didática insípida – sem a análise nem tampouco a contextualização necessárias – em nada contribui para a compreensão do conhecimento subordinado.

Outro reflexo dessa postura na educação física é a inclusão à mercê das inclinações da moda, de temáticas como esportes radicais, lutas orientais, jogos tradicionais, danças femininas, em um currículo que tradicionalmente priorizou esportes masculinos euro-americanos brancos e cristãos. A dinâmica do poder e a orientação cognitiva do currículo não se modificam com tais enxertos. Acrescentam apenas alguns elementos estranhos que serão submetidos aos paladares mal-acostumados dos alunos, que os apreciarão com característica de "curiosidades" e que, rapidamente conhecidas, são esquecidas e tudo volta às condições curriculares "normais". No máximo, essas manifestações se tornam mais um objeto de consumo temporário dos praticantes. Todas essas ampliações podem ser consideradas como um gesto simbólico de pena com relação ao mais fraco, mas que, no final das contas, contribui para perpetuar as relações de poder e o *status quo*, dado que, tal qual colocam Kincheloe e Steinberg (1999), apenas amaciam o caminho para uma opressão mais suave.

A vantagem do tratamento curricular crítico, sério e pedagógico das perspectivas subordinadas, segundo os autores, se relaciona com o que denominam "consciência dupla". Na sua luta pela sobrevivência, os grupos subordinados adquirem um conhecimento sobre quem tenta dominá-los, ao mesmo tempo que procuram se informar sobre os mecanismos diários da opressão e dos efeitos dessas "tecnologias". Essa dupla consciência do oprimido pode ser compreendida como uma segunda visão, que consiste na habilidade de enxergar a si mesmo através da percepção dos demais. Ao trabalhar com essa possibilidade, o currículo multicultural crítico fundamenta-se na compreensão de que uma pessoa educada de forma crítica sabe mais sobre a cultura

CAPÍTULO 6 Utopia Provisória: o Currículo Multicultural Crítico da Educação Física

dominante que o simples conhecimento validado. Por exemplo: além de aprender as noções sobre nutrição veiculadas pela cultura hegemônica, o estudante reconhecerá não somente a pressão mercadológica exercida por determinadas empresas para adjetivação dos seus produtos como "saudáveis", como também aprenderá que os hábitos alimentares precisam ser compreendidos no interior de uma cultura gastronômica. Dessa forma, quais são os critérios utilizados para dizer que determinados alimentos pertencentes à tradição de um grupo cultural são inadequados? Um currículo multicultural crítico da educação física expõe que, semelhantemente a outros métodos para compreensão e estudo da realidade, a ciência ocidental é uma construção social pertencente a determinada cultura e em dado momento histórico. Esse conhecimento não implica a negação das conquistas científicas, outrossim, impele os professores a reconhecerem e buscarem um aprofundamento maior em outras formas de conhecimento, tais como as "teorias" elaboradas pelos grupos marginalizados.

A ciência, se considerado o uso comum do termo, de acordo com McLaren (2000b), Silva (2001) e Giroux (1988), é fruto da ideologia eurocêntrica, com origens localizadas no protagonismo da masculinidade e de determinadas classes sociais. Essas raízes culturalmente específicas foram ocultadas atrás da alegação de uma universalidade trans-histórica e transcultural. Somente quando se estuda as histórias e culturas subordinadas, há disposição para mostrar a natureza socialmente construída da ciência ocidental e a lógica nela implícita. Ou será que a astronomia dos indígenas não fornece dados suficientes para a sobrevivência desses povos?

Apesar da sua força simbólica, a ciência não é o único campo em que os multiculturalistas críticos buscam conhecimentos subordinados alternativos, já que essa informação se encontra no entorno de todos os eixos de dominação. No âmbito do gênero, por exemplo, os professores multiculturalistas críticos valorizam as modalidades de conhecimento tradicionalmente consideradas femininas. Saber dançar, expressar-se gestualmente, recitar poemas, possuir valores estéticos, flexibilidade, gostar de folclore, de brincar com bonecas, grupos de música, certos jogos etc. Essas modalidades, ao serem tematizadas no currículo da educação física, proporcionam formas alternativas de enxergar o mundo, dado que revelam as crenças ocultas predominantes e centradas na masculinidade.

Os métodos que as pessoas com deficiências utilizam para conhecer o mundo e nele se desenvolver, como o uso da linguagem de sinais, são expressões do conhecimento subordinado que podem ser ensinadas em um currículo multicultural crítico, o mesmo podendo ser feito com a linguagem gestual específica de alguns jogos de salão. Nesse contexto, também é importante o conhecimento subordinado dos DJs, dos lutadores de vale-tudo, dos atletas de jiu-jítsu, dos pertencentes aos grupos de *hip hop*, dos baloeiros e dos empinadores de pipa. Tanto os indivíduos de classe média e alta como os pertencentes aos grupos marginalizados podem adquirir conhecimentos sobre a formação das suas identidades pelo confronto com os conhecimentos subordinados traduzidos nas práticas corporais e lúdicas.

Devido à própria identidade étnica, de classe social e gênero, muitos educadores estão alheios aos benefícios da dupla consciência dos marginalizados e distanciados de qualquer apreensão visceral de sofrimento. Uma experiência pessoal vem bem a calhar. Cheguei fisicamente imaturo ao Ensino Médio e estudei em um internato que atribuía um grande valor e inúmeras vantagens aos bem-sucedidos no campo esportivo. O somatório da paupérrima experiência cultural nessa área com as frágeis dimensões corporais compôs a fórmula que me empurrou, com outros colegas, para os grupos desprezados e merecedores de pouca ou nenhuma atenção por parte da instituição. Graças a essa vivência, pude compreender o sentimento dos meus companheiros que, como eu, também eram considerados fracos, descoordenados, inábeis e pude, além disso, adquirir essa segunda visão, ou dupla consciência, acerca dos estudantes que se encontravam nessa situação.

Essa consciência é um conhecimento subordinado; quem a vive experimenta de muitos modos as diversas estratégias para ser ignorado, não existir. Tanto a organização social atual como as sanções

CAPÍTULO 6 Utopia Provisória: o Currículo Multicultural Crítico da Educação Física

impostas aos subordinados por certos indivíduos e grupos – como os excluídos das práticas esportivas ou submetidos à humilhação quando delas participam – têm sido aceitas por alguns dos currículos já mencionados da educação física. As autoridades educativas, frequentemente oriundas de grupos dominantes – e, mesmo quando nativas dos grupos dominados, fazem parte daquela minúscula parcela que conseguiu romper a lógica e ascender, mas, às vezes, encontram-se plenamente investidas da identidade do opressor, pois o seu sucesso é entendido como fruto único do esforço pessoal, o que, muitas vezes, permite justificar as condições do marginalizado como falta de esforço pessoal –, sequer pensam em questionar as perspectivas que justificam o sistema social e educativo predominante. Que espécie de vivências seriam necessárias para criar uma dissonância cognitiva nessas autoridades até fazê-las se incomodarem com o *status quo*? É sabido que o oprimido, tantas vezes instigado pelos mecanismos do poder a aceitar a injustiça e a negar a própria opressão, utiliza, em muitas ocasiões, sua dor para descobrir formas alternativas de construir a realidade social e educativa (Freire, 1970). Nas comunidades populares, a carência de espaços e recursos fez surgir no entorno das quadras das escolas públicas, aos fins de semana, as associações que, dirigidas por um morador ou grupo de moradores, organizam festivais, aulas, treinamentos, festas, campeonatos e apresentações. O mesmo fenômeno tem sido identificado em igrejas de diversas crenças. Como negar essa forma de saber fazer?

A pedagogia operante ensina a acreditar que o conhecimento considerado válido foi produzido de forma neutra, nobre e altruísta. Esse ponto de vista, segundo Bernstein (1998), deixa de lado tanto as questões culturais como as dimensões do poder que envolvem a produção do conhecimento. Qualquer conhecimento sempre enfrentará outras formas de conhecimento. As decisões tomadas em meio a essa luta repercutem nas escolas, nas instituições econômicas, na cultura popular e nas esferas políticas de maneira dramática, às vezes com consequências imprevistas. A ação docente como transmissora neutra de saberes manipulados de antemão, nesse caso, desempenha determinado papel político que acompanha também a produção de conhecimento. Se existe alguma intenção na conversão das escolas em lugares de conscientização de professores e estudantes, a ideia do que se entende por politização precisa ser reconceituada. Pensando nisso, Shor e Freire (1986) aconselham os professores a resistirem às pretensões "apolíticas" dos currículos oficiais, para que se tenha deferência e se aceitem determinados conteúdos como incontestes, adjetivando-os de neutros, universais ou imprescindíveis. No campo curricular da educação física, Neira e Nunes (2006) denunciaram esses procedimentos implícitos em propostas que idolatram a aquisição de determinadas "competências" por meio das atividades motoras, ou que promovem o ensino de conceitos sobre saúde para a adoção de um estilo de vida ativo e saudável. Para os autores, os professores devem, por meio de análises críticas, identificar quais são os interesses políticos subliminares e resistir aos pressupostos hegemônicos e redentores desses currículos. Autores como Medina (1983), Grupo de Trabalho Pedagógico da UFPe-UFSM (1991) e Bracht (1992) há algum tempo já estabeleceram críticas à postura neutra e apolítica do currículo esportivista.

Pela sua rejeição no aceite às posições do currículo da cultura dominante, os professores multiculturalistas críticos compreendem que, tanto eles como seus alunos são produtores de conhecimento. Essa é uma das lições mais difíceis que os professores devem aprender – a modificação na própria ação pedagógica –, já que a maioria das suas experiências como alunos, tanto na educação básica como nos cursos de formação inicial e continuada, deu-se na contramão do que propõe a visão crítica. Assim, é bem compreensível o incômodo experimentado pelos professores e estudantes causado pela vivência, às vezes um tanto traumática, da adoção de uma postura inovadora de pesquisadores multiculturalistas críticos e produtores de conhecimento. Entretanto, antes da imersão nessa atividade investigativa, devem-se familiarizar com as questões cognitivas, políticas e epistemológicas que circundam a pedagogia crítica em geral e o multiculturalismo crítico em particular.

CAPÍTULO 6 Utopia Provisória: o Currículo Multicultural Crítico da Educação Física

No caso dos professores, uma vez familiarizados com essas questões e com a experiência pedagógica multicultural crítica, sua vida profissional sofrerá fortes modificações. Como produtores de conhecimento, esses professores iniciam a construção de um currículo em função da experiência dos alunos, promovendo seu conhecimento sobre as forças sociais, econômicas e culturais que configuraram suas vidas e, no caso da educação física, a construção histórico-social das práticas corporais, às quais os alunos tiveram/têm acesso. Nesse processo de desmantelar as forças ideológicas, os professores podem ensinar alguns métodos de pesquisa, como a etnografia, a semiótica, a fenomenologia e a historiografia. Aqui, o professor e os alunos envolvem-se não somente na pesquisa bibliográfica como também na constatação de certos aspectos relativos a determinada manifestação da cultura corporal, tema de estudo naquele período letivo, municiados de dados obtidos por meio de instrumentos elaborados coletivamente, como observações, relatos, narrativas, constatações, entrevistas, questionários ou leituras dos signos das práticas corporais. O professor e os alunos discutirão os materiais coletados, confrontando-os com as próprias experiências e buscando desvendar os conteúdos e saberes que à primeira vista se encontravam encobertos. Ao estudar uma das formas de dança veiculadas pelos programas de televisão, por exemplo, os alunos podem ser estimulados a fazer uma "leitura crítica" não somente das coreografias como também das letras das músicas. Indo mais a fundo, os alunos e o professor podem localizar representantes dessas manifestações (dançarinos, professores de dança etc.) e entrevistá-los sobre o contexto de criação, elaboração e produção das coreografias e verificar, por exemplo, se os sentidos a elas atribuídos pelos seus representantes aproximam-se dos deles. Com atividades investigativas como essa, o grupo poderá analisar a situação atual e anterior desse produto cultural e a sua relação com as hierarquias de etnia (essa dança é característica de determinado grupo étnico? Por quê?), de classe (qual a classe social que tem espaço prioritário nessa dança? Por quê?) e de sexo (qual o papel atribuído à mulher e ao homem nessa dança? Por quê?). Nesse sentido, os alunos e o professor analisarão como se configuram as suas relações com esse produto cultural: estabelecem relações românticas? De consumo? Críticas? Preconceituosas? etc. Durante todo esse percurso, os alunos podem ressignificar essa manifestação da cultura corporal, elaborando à sua maneira coreografias e movimentos, em alguns casos, mantendo o sentido original e, em outros, alterando-o.

À medida que os professores envolvidos com essa prática rompem com a visão condicionada, sua compreensão dos motivos pelos quais a ação pedagógica multicultural crítica é considerada como atividade de oposição vai se tornando cada vez mais profunda. Durante o processo, descobrem forças construtoras, tais como códigos linguísticos, signos culturais, ações movidas pelo poder, ideologias incrustadas e, com isso, aprendem a investigar, a ensinar e a pensar criticamente. Na sua condição de educadores multiculturais críticos, estudam e se envolvem na produção de conhecimento, remodelam a sua vida profissional, dão novos nomes aos seus mundos e desafiam a supremacia masculina branca, o patriarcado e o governo das elites econômicas (Schön, 2000).

O impulso dado pelos valores neoliberais (competitividade, autonomia, saúde individual, competências para o exercício profissional etc.) à construção teórica contemporânea da educação física, quando confrontada com uma ação pedagógica multicultural crítica, apresenta enorme paradoxo constituído, de um lado, pela alusão à sua auto-atribuição como o caminho para uma vida feliz, e, do outro, pela ignorância generalizada da forma como o poder opera para destruir os conhecimentos originais de professores e estudantes. Essa contradição, afirmam Giroux e McLaren (1995), derruba os esforços de emancipação de professores e estudantes, que sofrem qualquer espécie de marginalização, impondo-lhes um conjunto de saberes que destoam do seu universo cultural: como advogar vida saudável pela única via da atividade física regular para pessoas que não realizam práticas corporais ou, quando o fazem, limitam-se a manifestações próprias do seu grupo e absolutamente inalcançáveis pelos

CAPÍTULO 6 Utopia Provisória: o Currículo Multicultural Crítico da Educação Física

princípios do treinamento? Como defender o emprego de atividades lúdicas para melhoria do convívio social e do lazer para quem trabalha e se utiliza do lento transporte público, sobrando-lhes pouco tempo para jogar? Como aludir às benesses da sociedade cooperativa para os vilipendiados dos seus direitos mais básicos de acesso aos meios necessários para sobrevivência?

Perguntas assim aludem diretamente às questões de poder e de produção de conhecimentos. Em uma era pós-moderna saturada de informações com a televisão, o cinema, o jornal, o rádio e a Internet, tais questões exigem maior relevância. Em um tecnocapitalismo flutuante e expandido mundialmente, buscando colonizar tudo que encontra, desde o espaço até a consciência mais íntima, as questões de poder e informação são mais importantes que nunca. As imagens das sociedades empresariais, com o passar do tempo, adquiriram maior importância, não somente pelas razões comerciais, como também pela atração de capitais, fusões, aquisição de um nível competitivo na produção de conhecimento ou a possibilidade de influenciar na política governamental e na difusão de determinados valores culturais. A partir daí, graças ao poder econômico, Harvey (1993) afirma que os grandes grupos empresariais pós-modernos modificaram o papel da universidade, que passou de guardiã do conhecimento a produtora de conhecimento para atender às necessidades da indústria e do comércio.

Nesse quadro, McLaren (1995) salienta que os professores multiculturais críticos e os estudantes sentem a necessidade de analisar o que sabem e, a partir desse ponto, começam a compreender a verdade e a elaboração social do conhecimento, chegando a reconhecer alguns dogmas ensinados na escola apresentados como verdades universais.

Muitas vezes o ensino e o incentivo do futebol na escola vêm acompanhados de um discurso que lhe atribui conotação de prática esportiva popular. Nos últimos anos, alguns sociólogos têm-se dedicado ao estudo histórico da modalidade. Da Matta (1982), em meio à sua antropologia do futebol, relata que o entendimento do esporte como hoje é conhecido tem suas origens nos finais do século XIX, nas escolas da burguesia inglesa. Entendendo-a como manifestação cultural, todas as regras e conceitos que o acompanham atrelam-se ao contexto e aos valores daquele grupo. Isso significa que a implementação da modalidade e sua forte expansão se devem aos interesses de socialização do modo de vida liberal em todo o mundo ocidental (competição, "igualdade" de condições, *fair play*, eficiência, produtividade e resultados). Nesse sentido, é possível dizer que a implantação do currículo esportivista em inúmeras nações exerceu forte potencial pedagógico.

Por outro lado, conforme dito anteriormente, o educador multicultural crítico tem como dever desvelar as artimanhas utilizadas para a inculcação pelo poder de determinados modos de pensar e agir. Com a intenção de facilitar a compreensão do caldo cultural liberal que propiciou a expansão da modalidade, vale relatar uma interessante experiência vivida pelos irmãos Villas Boas em suas incursões pelo Xingu. A certa altura da sua presença em terras indígenas, tentaram ensinar os índios a jogarem futebol. Após diversas explicações, as traves montadas e a bola em jogo, uma equipe conseguiu marcar um gol. Comemoraram à sua maneira e, em seguida, ambas as equipes se uniram para fazer o gol na trave do time que estava ganhando. Outro fato interessante acontece diariamente nas escolas de Educação Infantil, quando as crianças pequenas se aventuram no futebol. Quando jogam, dedicam-se unicamente a fazer o gol, não lhes importando em qual trave ou em qual equipe. Essas experiências permitem constatar que alguns grupos culturais não compreendem a vitória e a derrota da mesma forma que o pensamento hegemônico da cultura dominante. Outro exemplo, mas no sentido inverso, pode ser fornecido pelo povo estadunidense, para quem, como se sabe, o futebol é pouco atrativo, por causa da contagem pequena de pontos e da possibilidade, para eles incompreensível em uma atividade competitiva, de o jogo terminar empatado.

Tais relatos são importantes não somente pela exposição das diferenças culturais como também porque expõem a importância do

CAPÍTULO 6 Utopia Provisória: o Currículo Multicultural Crítico da Educação Física

poder da produção de conhecimento em situações multiculturais – convém lembrar que foram os filhos da elite inglesa que, por ocasião da expansão dos seus negócios pelo mundo, trouxeram a prática do futebol ao Brasil que, até o momento, não lhe dizia respeito.

As manifestações do poder têm sido motivo de muitas tensões no âmbito educativo, não somente no que se refere ao controle dos recursos financeiros, institucionais, políticos, ideológicos e da comunicação como também no que diz respeito ao controle das representações da realidade. Por representações da realidade, como exposto no Capítulo 4, entendem-se os procedimentos pelos quais determinados modos de vida são ou não legitimados.

O professor multicultural crítico, ao empreender uma análise histórica do futebol ou denunciar as forças empregadas pelo poder para legitimar determinada representação dessa modalidade, tem pela frente uma tarefa hercúlea, pois a mentalidade colonial liberal expressou-se por intermédio da educação esportiva, aliada a um poder subsidiário que controla as representações que determinam o que deve ser socializado e com qual visão. Diante disso, professores e alunos podem recorrer a materiais midiáticos (gravação de programas esportivos, jogos e jornais) e, por meio da análise do discurso, destrinchar seus conteúdos objetivos e subjetivos. Estudos como esse situam-se no campo curricular multicultural crítico da educação física, já que permitem conhecer como funciona o poder, como ele configura secretamente as representações sociais e como elabora as percepções que os homens e as mulheres têm de si próprios e do mundo que os rodeia. Atuando nessa direção, o professor multicultural crítico estará em processo de formação contínua. Por exemplo: ao pesquisar o futvolei, o professor multiculturalista crítico descobrirá que a sua origem está relacionada à proibição da prática do futebol nas praias por parte do governo militar. Investigar o processo de formação social dessa prática e entendê-la como prática de resistência e transgressão, sem dúvida, concede tanto ao professor como aos alunos informações pertinentes para a análise crítica dos processos de subordinação que marcam as relações de poder.

Ouvindo as vozes dos silenciados

Conforme mencionado anteriormente, um dos aspectos básicos da educação democrática consiste em utilizar as experiências dos estudantes. Nesse sentido, tanto o conhecimento multicultural crítico como o conhecimento subordinado devem fazer parte do currículo. Mas, para que essas formas de saber/ser ganhem credibilidade no meio acadêmico, Neira e Nunes (2006) afirmam a necessidade de se estabelecer conexões entre as experiências dos estudantes, ou seja, suas práticas sociais, e os temas dos projetos que serão desenvolvidos pelo currículo da educação física. Se o aspecto democrático desses procedimentos gira ao redor do requisito de uma educação com sentido para os tradicionalmente excluídos de tal experiência, então os estudantes pertencentes aos grupos subordinados e seu conhecimento cultural marginal adquirem nova importância. De forma alguma, uma simples referência a esse conhecimento constitui uma educação multicultural crítica. A aproximação à postura multicultural crítica supõe fazer uso de certas modalidades de saber, de tal forma que a hegemonia da estrutura monolítica do conhecimento acadêmico seja desafiada. Dentro desse contexto, as experiências dos estudantes devem ser analisadas e sutilmente conectadas às questões sociopolíticas e educativas mais amplas. Esse trabalho não é fácil, uma vez que requer muita habilidade e disponibilidade do professor. Os professores multiculturais críticos que forem capazes de levar a cabo um processo tão complexo e cheio de detalhes como este, darão novo sentido à educação daqueles que sempre viram pouca conexão entre seus estudos e suas realidades existenciais. O êxito alcançado por esses professores colaborará para legitimar o processo nas escolas, nas universidades e nas comunidades.

A presença das manifestações culturais dos historicamente desprivilegiados é bastante estranhada pelos defensores dos currículos monoculturais. Como se sabe, eles não se preocupam em ocultar sua convicção de que o currículo da educação física não deve contemplar a tematização de outras práticas corporais, sobretudo às pertencentes

CAPÍTULO 6   Utopia Provisória: o Currículo Multicultural Crítico da Educação Física

aos grupos oprimidos seja por etnia, classe ou gênero. Um rápido olhar sobre a literatura disponível permite constatar a enorme quantidade de publicações e propostas que sugerem um rol de conteúdos de ensino do componente e prometem a formação cidadã por meio de uma aprendizagem baseada em determinadas atividades previamente selecionadas para tal. A argumentação que encontram para justificar essa oferta alicerça-se em dois pontos: a alegação de que o propósito da educação é "resgatar" da ignorância os estudantes (e professores) que pouco sabem ou o que sabem é insuficiente para uma cidadania plena e, portanto, quem pode lhes dizer o que devem saber são os escritores e elaboradores das propostas, pois, afinal, encontram-se no "topo" da pirâmide, são homens de sucesso e, assim, subentende-se que, caso sejam seguidas suas recomendações, os carentes culturalmente falando podem acessar a verdadeira cultura.

Tamanha arrogância didática justifica o "esquecimento" dos saberes dos conquistados e oprimidos no momento da elaboração curricular; é óbvio que a inclusão desse patrimônio significará a diminuição do espaço para a sua comercialização, considerando que os saberes subordinados não podem ser comercializados pelo capitalismo industrial sem perder suas características originárias e fundamentais.

É de estranhar que no Brasil os currículos mais conhecidos da educação física apresentem alguns sintomas gravíssimos de amnésia, com respeito às práticas corporais africanas e indígenas, tanto do passado como do presente: quais jogos, danças e lutas pertencentes a esses povos são estudados nas escolas brasileiras? Com um currículo que ignora os conhecimentos dos grupos que compõem uma parcela significativa da população, tende a transmitir que sua contínua condição desprivilegiada lhes é merecida. Ante isso, é possível afirmar que a experiência corporal euro-americana é de aplicação universal, ou seja, a única vivência histórica válida.

Em contradição com a afirmação anterior, constatou-se na última década um aumento significativo de experiências localizadas que têm-se empenhado por incluir no currículo saberes relativos à cultura corporal não europeia. Isso não significa uma grande mudança curricular. Claro está que outras práticas corporais passaram a ser tematizadas, além das anteriormente conhecidas (dia de levar o brinquedo que mais gosta, oficina para construção de brinquedos artesanais, oficina de pipas, capoeira etc.). Contudo, a natureza dessas ações é tão superficial, descontextualizada e desprovida de conflituosidade que a essência dessas experiências fica dissimulada. Apesar disso, os multiculturalistas liberais e pluralistas afirmam certo progresso da área. Muitas escolas assumem que a designação de um dia ou uma semana para a discussão e realização dessas atividades "alternativas" atende às necessidades do currículo multicultural, quanto à diversidade do ensino.

A tematização das práticas corporais dos grupos subordinados pode se integrar ao currículo em duas frentes: em primeiro lugar, articulada aos saberes das demais disciplinas e fazendo parte de projetos comuns, por exemplo, ao tematizar a história de determinada região, as manifestações da cultura corporal podem ser inseridas como parte do patrimônio daquele povo – essa posição superaria a antiga alocação de "perfumaria" ou conhecimento exótico; em segundo lugar, ganhando o *status* de tema central de um projeto específico do componente curricular educação física. Nesse sentido, no decorrer do percurso escolar, os estudantes terão a oportunidade de travar contato e aprofundar os conhecimentos alusivos à cultura corporal produzidos pelos distintos grupos que compõem a sociedade.

Tamanha multiplicidade não só permitirá descobrir novas dimensões de muitas experiências como também revelará novas formas de ver a cultura e a educação física dominante. Em virtude do longo tempo de permanência em um estado de opressão, a possibilidade de reconhecimento dessas experiências pode sinalizar um novo caminho para definições mais complexas da teoria social e da autoridade ética. Os grupos oprimidos geralmente adquirem conhecimentos singulares sobre as forças que movem a história. Tais grupos compreendem a cultura dos opressores muito melhor que os próprios opressores. Essas percepções subordinadas podem alterar substancialmente o que denominamos conhecimento/conteúdo da

CAPÍTULO 6 Utopia Provisória: o Currículo Multicultural Crítico da Educação Física

educação física. Já foi dito que os atuais currículos estão agregando alguns saberes subordinados de forma pluralista ou liberal e, com isso, proporcionam algumas modificações, não, porém, com o sentido e a intensidade desejados pelo multiculturalismo crítico. Especificamente falando, a proposição de aulas de forró, axé, *black* ou dança de rua mais que unir os estudantes à sua história, afasta-os, pois essas manifestações são apresentadas sem a discussão das conexões temáticas entre o passado (o que elas expressavam no seu contexto real de produção) e o presente (a transformação sofrida/imposta pela indústria cultural e pelas transformações sociais) ou o desenvolvimento de uma conscientização dos problemas enfrentados pelos grupos que sediaram a origem dessas práticas sociais. Nesse emaranhado, os saberes dos oprimidos são profundamente destratados, impedindo-os de aprender mais sobre sua cultura e compreender suas condições de opressão. Por essa via, do currículo conservador, pluralista ou liberal, conforme as posições de Freire (1970), ensina a amar o opressor.

Kincheloe e Steinberg (1999) entendem que uma prática pedagógica fundamentada no multiculturalismo crítico implica, obrigatoriamente, "desatualizar" o presente, isto é, coletar o vulgar, o trivial, aproximá-lo da luz e observá-lo a partir de outro ângulo, ou seja, exige-se o questionamento dos conhecimentos que serão ensinados. Isso requer a comprovação e o exame do que se ensina para descobrir o que está escondido no evidente. Por exemplo: uma coisa é saber que a capoeira foi criada pelos escravos, outra, bem diferente, é compreender a escravidão, o que ela significou e ainda significa. Uma ação pedagógica multicultural crítica consiste em afastar a capoeira e a escravidão a todo custo das visões romanceadas presentes na maioria das novelas da televisão ou das academias de capoeira dos bairros nobres. Uma coisa é saber dançar a quadrilha caipira e outra, bem diferente, é compreender o seu significado contextual sem caricaturar os moradores da zona rural.

Neira e Nunes (2006) analisaram a trajetória curricular da educação física e constataram a ausência de preocupações desse tipo, desde a implantação do componente curricular na escola na passagem do século XIX para o XX. Temáticas relativas às questões de poder envolvendo hegemonia, gênero, classe social e racismo não têm sido, até o momento, focalizadas pelas diversas propostas curriculares.

Quando temas relevantes como estes e suas relações com as práticas corporais deixam de ser tematizados, decorrem sérias consequências políticas. Qualquer projeto envolvendo o futebol e o samba, por exemplo, pode ser debatido pela variedade de inter-relações com as conotações étnicas, de gênero e de classe social que essas manifestações culturais adquiriram em diferentes momentos históricos, dado que nem o racismo nem tampouco o preconceito de classe ou gênero são princípios fixos, muito pelo contrário: para McLaren (1995), configuram fenômenos contraditórios cuja forma se modifica constantemente, em função das alterações de estruturas políticas e econômicas maiores.

No início do século XX, a participação de atletas negros em partidas de futebol era vetada. Sambar e participar de escolas de samba, até os anos 1960, era uma experiência restrita às classes populares e a determinadas comunidades. Com a mercadorização desses "produtos", percebe-se na atualidade a hibridização de duas práticas: o futebol invadiu as várzeas e passou a ser praticado nos bairros mais humildes, tornando-se uma das poucas profissões que podem promover uma ascensão social de forma lícita, e as escolas de samba estão comercializando seus enredos e seus barracões, que têm sido tomados por pessoas pertencentes a diversos grupos sociais.

As manifestações da cultura corporal foram produzidas em dado contexto sócio-histórico, com determinadas intenções, sentidos e significados, mas, com o passar do tempo, sofreram inúmeras transformações por suas íntimas inter-relações com a macroestrutura social, isto é, foram ressignificadas. Portanto, o currículo escolar da educação física pode empreender uma análise das razões que impulsionaram as ressignificações de determinada prática corporal. Nessa operação, os fatores relativos às questões de etnia, classe social e gênero serão obrigatoriamente iluminados e, como tarefa didática, tanto o professor como os alunos podem exercitar a própria ressignificação da

CAPÍTULO 6 Utopia Provisória: o Currículo Multicultural Crítico da Educação Física

manifestação corporal, analisando-a e adaptando-a ao contexto sociocultural no qual se encontram. Essa experiência pode também sofrer a análise crítica do grupo. Quando isso não é feito, provavelmente, os estudantes, em função de perspectivas exclusivamente alicerçadas no senso comum, relacionem exclusivamente as práticas corporais às finalidades mercadológicas de consumo, estéticas, permeados de posições preconceituosas.

Conforme Kincheloe e Steinberg (1999), as formas liberais e pluralistas do multiculturalismo consideram esses elementos fruto das lutas por representação, como uma poética batalha que serve perfeitamente para encobrir relações sociais de dominação dentro das classes. Uma função essencial que um currículo multicultural crítico da educação física pode cumprir consiste em expor hipóteses ingênuas que normalmente permeiam as ressignificações que aquela prática corporal sofre ou sofreu. Nessa perspectiva, como não debater questões de gênero presentes na trajetória do futebol ou do voleibol? Como não debater questões de classe e etnia, presentes na trajetória do *hip hop* e do *rap*? Como não indagar as questões de classe, gênero e etnia incrustadas na trajetória das ginásticas? A ausência desse aprofundamento para o debate do racismo ou sexismo permitirá a persistência da cegueira cultural que impede o reconhecimento das relações sociais do mundo vivencial.

Com isso, os mitos frequentemente divulgados a respeito da vida saudável por meio da atividade física, da amizade decorrente dos jogos, da conquista da igualdade e dos benefícios da participação inclusiva lançam uma sombra sobre as relações de poder que sustentam o racismo, o sexismo e os preconceitos de classe institucionais, e reproduzem, segundo Neira e Nunes (2006), a desigualdade nas mesmas aulas de educação física em que se promete o respeito e o convívio salutar.

Mesmo que nos últimos anos muitos educadores tenham empreendido esforços no sentido da transformação desse quadro, entristece o fato de que poucos efeitos práticos têm sido notados na diminuição da exclusão e opressão.

É na intervenção pedagógica multicultural crítica que o diálogo entre as manifestações da cultura corporal e a sociedade se desvela. É aqui que a história de homens e mulheres oprimidos representa papel relevante no desenvolvimento de uma consciência multicultural crítica. As histórias das práticas corporais revelam tendências parecidas às histórias do racismo, sexismo e classismo. Ultimamente, a forma dominante de expressão passou dos "ismos" individuais, que implicavam ações manifestas entre grupos, ações institucionais que adquirem formas de políticas públicas e empreitadas socioeconômicas, que negam o acesso das populações marginalizadas a determinadas experiências culturais. O sexismo institucional, por sua vez, é particularmente enganoso, sempre que se promovem políticas sexualmente neutras. Na verdade, o que ocorre é um novo impacto discriminatório. Como exemplo, convém recordar os comentários sexistas que ganham espaço na mídia, sempre que as árbitras de futebol, na opinião dos comentaristas, vale lembrar, cometem erros. Assim, a política "neutra" de eleger mulheres para arbitrar os jogos de futebol tem desencadeado novas ações discriminatórias contra a presença feminina nessa esfera.

O multiculturalismo crítico permite a visualização dessas mutações, sua gênese e seu desenvolvimento contextual. Essas revelações preparam o ambiente para a desconstrução dos significados implícitos em expressões, como mérito, educação de qualidade, discriminação inversa, escolas de periferia, alunos difíceis, crianças-problema e valores familiares. Para Apple (2003), esses conhecimentos permitem a tomada de consciência de que as pessoas são vistas a partir de estereótipos e conforme suas relações com o poder e categoria social. Desse modo, a desigualdade não é um simples preconceito ou fenômeno cultural, mas baseia-se na forma pela qual certos grupos se localizam econômica e politicamente na sociedade.

O conhecimento da localização político-econômica dos grupos marginalizados, da evolução do preconceito e da tradição multicultural crítica permite aos homens e mulheres historicamente conscientes permanecerem atentos aos pontos de vista, filosofias e

CAPÍTULO 6 Utopia Provisória: o Currículo Multicultural Crítico da Educação Física

pedagogias dos oprimidos. As pessoas subordinadas estabelecem suas visões enfrentando penosamente o contraste com a visão do mundo que assumem os que estão acomodados nos centros do poder. Quando se retira a capa histórica que protege a cultura dominante, a socialização das descobertas remodela o presente ao criar novas visões de futuro (Yudice, 2006).

A possibilidade oferecida pelo multiculturalismo crítico, segundo McLaren (2000b), coloca os professores contra a parede ao lhes perguntar o que, para eles, constitui o conhecimento oficial importante, insubstituível e que deve constar no currículo. Se tiver êxito, o multiculturalismo crítico obrigará os professores e as escolas a questionarem de onde vem esse conhecimento, quem o certifica e quais são as implicações do seu impacto político.

As ideias do conhecimento subordinado de Foucault (1992) nos ajudam a teorizar sobre os possíveis papéis curriculares das práticas corporais dos historicamente marginalizados. Para o autor, é necessário desenterrar os conhecimentos subordinados, pois a história da subordinação foi propositadamente enterrada ou disfarçada, isto é, seus conflitos e opressões foram perdidos sob uma estrutura teórica dominante ou erradicada por uma triunfante história de ideias, ou talvez esses conhecimentos tenham sido desqualificados por não estarem à altura das definições dominantes do que se reconhece como científico e benéfico, ou seja, conhecimentos considerados primitivos pelos intelectuais do sistema preponderante. As manifestações da cultura corporal dos culturalmente diferentes coincidem com esse último significado, já que a cultura dominante considerou esses produtos culturais estranhos, curiosos, indignos de lógica, primitivos, exóticos e subalternos. Como exemplo, basta verificar que, dentre a imensa quantidade de jogos de tabuleiro existentes, em sua grande maioria pertencentes às culturas subordinadas, é o xadrez, com sua origem aristocrata, que ocupa não só um lugar de destaque no currículo escolar como também tem seu espaço reservado entre o seleto grupo de modalidades olímpicas. Em outros casos, no entanto, seria possível a atribuição de ambos os significados: a farra do boi, a rinha de galos, diversas danças e brincadeiras, certos jogos de cartas encontram-se entre as manifestações que têm suas histórias de disputas sociais "enterradas". Foucault exorta a cultura dominante a interromper a supressão do papel que representa o conflito na história e no diálogo. Tal papel é suprimido em muitos contextos, aqui incluído o currículo escolar. Foucault lança mão do termo "genealogia" para descrever o processo de recordar e incorporar essas memórias de conhecimentos subordinados, de conflito e as dimensões de poder que revelam as lutas atuais.

A genealogia de Foucault se aproxima de alguma forma do conceito de materialização de Marcuse, o qual implica certa rememoração. Para esse autor, o mundo moderno esqueceu-se de algo extraordinariamente importante, sendo necessário recuperar as origens de uma época socialmente construída, mas profundamente enterrada pela industrialização e pela racionalidade do Iluminismo.

Mediante a especificação da natureza dos conteúdos e significados excluídos, Foucault nos prepara para a luta estratégica entre o conhecimento subordinado e o conhecimento dominante. O filósofo argumenta que a insurreição dos conhecimentos subordinados já existe entre os oprimidos. Assim, não cabe aos intelectuais da cultura dominante a teorização sobre tais saberes para convertê-los em existência. A partir dessa construção teórica, pode-se dizer que não será o professor de educação física o porta-voz que, quase sempre, do alto da sua posição socialmente privilegiada descreverá e relatará as práticas corporais dos subordinados, atribuindo-lhes, conforme lhe pareça, os seus significados para que os alunos os assimilem. Diante desse questionamento, torna-se estranho o discurso presente na educação física de resgate de brincadeiras populares esquecidas pelo processo de urbanização e tecnologia. Os professores liberais e pluralistas selecionam as que merecem ser "recuperadas do baú da memória" e, geralmente, da memória da sua infância, a qual ele considera um privilégio em relação à infância dos alunos das categorias identitárias subordinadas. Giroux (1988) mostra que uma prática fundamentada sobre um entendimento da história do conhecimento

CAPÍTULO 6 Utopia Provisória: o Currículo Multicultural Crítico da Educação Física

subordinado começaria pela denúncia das formas pelas quais as escolas se estruturam em torno de determinados silêncios e omissões. Basta, para isso, observar a arquitetura escolar e constatar o silenciamento forçado de certas práticas corporais caracterizados pela ausência total de espaços e condições para o desenvolvimento de algumas manifestações e o incentivo a outras vozes que, em sua maioria, referem-se às práticas esportivas. Como se isso não bastasse, frequentemente encontramos professores reclamando a ausência ou o abandono de quadras poliesportivas no espaço escolar, reforçando a ideia de que esse é o único espaço adequado para a realização do seu trabalho.

Os professores terão, por conseguinte, de estabelecer vínculos com as comunidades marginalizadas, a fim de incorporar o conhecimento subordinado; mas não com os elementos com êxito dessas comunidades, tal como são definidos pela cultura dominante e, sim, com uma variedade de grupos e subgrupos dentro delas. Os diversos grupos que podem ser encontrados em cada comunidade proporcionam ao currículo escolar uma diversidade de tradições, particularidades históricas, práticas sociais e culturas comunitárias por vezes desacreditadas dentro da cultura da instituição.

As crônicas, as formas de ver o mundo, a música, as danças, os jogos, as festas, os saberes tradicionais sobre a vida e a arte da comunidade marginalizada se convertem em uma parte fundamental da vida cotidiana na escola. Esses conhecimentos jamais devem ser vistos como suplementos do currículo oficial da escola; muito pelo contrário, devem ser considerados como conhecimentos inerentes ao seu currículo.

Conforme Neira e Nunes (2006), é possível identificar quatro versões do currículo dominante da educação física: esportivista, globalizante, saudável e desenvolvimentista. Apesar das diferenças, essas propostas têm em comum suas "tipificadas e não problemáticas definições" de objetivos a serem alcançados e conhecimentos a serem ensinados – determinados esportes, desenvolvimento dos domínios cognitivo e afetivo-social, aprendizagem de conceitos e práticas de saúde e desenvolvimento de habilidades motoras, respectivamente.

Em função disso, decorrem suas visões de avaliação, aprendizagem, mundo, cidadão e sociedade. Essa construção impede que sejam implementadas, sem descaracterização, quaisquer atividades relativas às preocupações multiculturais críticas como as anteriormente referidas. O distanciamento da comunidade que ao final resulta acaba estabelecendo relações antagônicas entre os professores e a comunidade.

Dessa forma, os educadores que atuam inspirados pela ideia de conhecimentos subordinados reescrevem, durante as aulas, uma nova prática pedagógica de cunho democrático. Essa nova redação leva à inclusão dos conhecimentos das manifestações da cultura corporal dos grupos subordinados e a uma nova perspectiva dos olhares dos alunos sobre si próprios e sobre seu grupo. Essa perspectiva possibilita uma prática dialética entre o local e o global, entre a comunidade e a globalização. Os educadores críticos devem mediar o processo de fazer que os alunos percebam essa dialética e se tornem pesquisadores desse cotidiano. Que percebam como ele é construído e assumam a responsabilidade pelos seus desejos e ações (McLaren, 1997).

Em uma das escolas em que se tem sugerido o desenvolvimento de uma proposta multicultural crítica da educação física, a partir da identificação das práticas corporais da comunidade, teve início o "Projeto Samba de Roda", que permitiu descobrir a existência de muitos alunos que exerciam posições de destaque nos diversos grupos que habitavam aquela comunidade. O estudo dessa manifestação na escola deu-se, principalmente, por meio de entrevistas com os moradores e convites para apresentação das suas memórias para as diversas turmas da escola, o que possibilitou a reconstituição do percurso histórico dessa prática corporal desde sua chegada na região, com a introdução dos ensaios e festividades, até as aparições pontuais em algumas festas e eventos familiares. O estudo dessa temática e a socialização das descobertas entre os alunos e a comunidade permitiu que fossem descobertos elementos em comum entre os diversos grupos. Esse fato gerou entre eles uma revalorização das próprias raízes e a renovação do seu orgulho por pertencer àquela comunidade. Como consequência, os diferentes grupos passaram a se organizar e,

CAPÍTULO 6 Utopia Provisória: o Currículo Multicultural Crítico da Educação Física

por intermédio das lideranças locais, enviaram uma petição para a utilização da quadra da escola para ensaios e reunião de todos em um só grupo.

Uma análise cuidadosa dessa experiência permite visualizar as sutis e complexas formas pelas quais a história dos conhecimentos subordinados influencia na teoria do currículo e na prática política. A professora dessa escola recolheu a experiência popular e transformou-a em conhecimento. Esse conhecimento afetou a consciência e as práticas pedagógicas e políticas de todos que tiveram acesso à sua socialização. Em torno da temática, formou-se uma corrente solidária entre os que interagiram com os saberes e, como consequência, estabeleceu-se uma interessante comunidade de aprendizagem (Neira e Nunes, 2006).

O rosto oculto dos moradores dessa comunidade não se configurou em uma história velha e sem sentido, uma vez que continha as trajetórias de vida, as dificuldades, os percalços e a luta travada por aquelas famílias. Para Giroux (1997), é isso que acontece quando os oprimidos utilizam seus conhecimentos subordinados e falam por si mesmos. A insurreição dos conhecimentos provoca interpretações multiculturais críticas dos códigos educativos, símbolos e textos, estruturas escolares e a possibilidade de uma práxis construída sobre a sabedoria desses conhecimentos.

Obviamente, tais procedimentos didáticos não estão sendo apresentados com caráter de panaceia; seu objetivo é simplesmente submergir os estudantes em um banho de realidade, para que possam constatar as possibilidades de libertação que existem no cotidiano dos acontecimentos, considerando que a retomada da trajetória histórica não conduz diretamente ao encontro das soluções para os problemas atuais do cotidiano, mas passa pela sua compreensão. Para tanto, são necessárias várias outras medidas analíticas e emancipatórias, se o que se deseja é que os indivíduos adquiram um sentido reflexivo sobre as suas ações perante as posturas opressoras presentes nas diversas esferas do tecido social: as mídias, os trabalhos, o poder público etc. Essas medidas, escreve McLaren (1998), incluem a descrição das nossas posturas prós e contras. Afinal, diz o autor, cada postura política e curricular está influenciada pelas posições de solidariedade e lealdade aos grupos que se pretende servir. Tal como admite McLaren, uma vez que não existem categorias individuais de significação, liberdade ou razão, a solidariedade forma a base da crítica ideológica. A solidariedade com os grupos marginalizados e oprimidos constitui a pedra fundamental do trabalho do educador multicultural crítico cujos posicionamentos didáticos nada significarão fora dos limites dessa solidariedade.

As ideias de McLaren confirmam que não basta o conhecimento histórico da opressão para uma pedagogia emancipatória. Tal pedagogia deve começar com as tradições multiculturais críticas, que devem ser confirmadas como conhecimentos subjugados e interrogadas com o objetivo de desvelar as relações intrínsecas com o presente e com as formas subliminares de racismo, sexismo, preconceitos de classe e outros tipos de opressão. A história multicultural crítica converte-se no ponto de partida para o currículo, ao teorizar sobre o que os estudantes e a comunidade precisam aprender além das próprias experiências culturais, raciais, de gênero e de classe social, isto é, a relação entre conhecimento dominante e conhecimento subordinado. Esse ponto pode ser esclarecido com a seguinte questão "Após a revelação, devemos nos perguntar: o que fazemos com o que nos foi revelado?".

Voltando ao exemplo do "Projeto Samba de Roda", à medida que a história dos grupos que compuseram a comunidade foi sendo descoberta, a vontade de fazer algo para redirecionar a trajetória futura da localidade foi surgindo. Daí apareceram, entre os próprios membros, questionamentos sobre os rumos das políticas municipais e estaduais para a região cujas descobertas empreendidas levaram o grupo à exigência de condições concretas para agrupar tanto os envolvidos com a manifestação da cultura corporal como todos os outros possíveis interessados. A partir das intenções reivindicatórias, sobreveio a necessidade de aprender mais sobre o funcionamento das questões administrativas e políticas, não só referentes à escola como também à Prefeitura.

CAPÍTULO 6 Utopia Provisória: o Currículo Multicultural Crítico da Educação Física

Isso demonstra que a prática pedagógica multicultural crítica não se encerra com a apresentação do grupo, com a publicação de um jornal de bairro, com a elaboração do relatório dos trabalhos, com um portfólio, um campeonato interclasses ou com uma exposição das fotos das apresentações dos alunos. Dado que o currículo multicultural crítico, com suas novas práticas e vozes, revela o que estava escondido, os educadores podem utilizar os conhecimentos descobertos para estimular o agrupamento de estudantes, professores e membros da comunidade, visando à exploração do significado que tais conhecimentos têm nas suas vidas, ajudando-os a perceber quanto suas atuais condições estão marcadas por essa história. Os professores multiculturais críticos trabalham para que os estudantes adquiram autoconhecimento por meio da consciência da etimologia social dos seus traumas e afetos mútuos e, com a identificação de problemas comuns, atuem para resolvê-los (Kincheloe e Steinberg, 1999).

Essa investigação para a transformação é essencial à pedagogia crítica e pode ser empregada para promover o debate entre uma variedade de grupos sobre os temas mais diversos. Como um meio para estudar o modo pelo qual os indivíduos e os grupos recebem o conhecimento e qual conhecimento está sendo veiculado, esse método envolve os membros do grupo no processo de análise da sua aprendizagem social. Nesse sentido, é infinita a diversidade de situações bem próximas aos alunos com as quais esse processo pode ser desenvolvido: o discurso dos "especialistas" do esporte ou da atividade física; dos comentaristas esportivos; os depoimentos de modelos e manequins sobre seus hábitos; as reportagens das revistas sobre alimentação saudável e estilos de vida; as biografias dos atletas e das personalidades do esporte; os filmes realizados para o grande circuito sobre aspectos relativos à cultura corporal (copas, atletas, olimpíadas etc.), tudo que se vê ou se ouve na televisão, nos jornais, nas rodas de conversa, nas histórias familiares e dos amigos, o que se faz nos momentos de lazer, as viagens, os passatempos e *hobbies* etc. A análise desses produtos culturais mediante questões previamente elaboradas, observações *in loco* ou de gravações e depoimentos, permitirá descobrir uma infinidade de preconceitos implícitos de classe social, dimensões corporais, hábitos de vida, religião, profissão, orientação sexual etc.

Aqui o que se propõe é um exame das ramificações e inter-relações sofridas pelas manifestações da cultura corporal, a partir da produção eurocêntrica e anglocêntrica do conhecimento. Esses paradigmas afirmam que o conhecimento que surge das suas crenças epistemológicas (táticas, dietas, desempenho físico, treinamento etc.) é universal, neutro e objetivo. Uma análise multicultural crítica provavelmente revelará sob qual prisma esses produtos foram elaborados e de que forma atuam no sentido de justificar o *status quo*. Tal epistemologia foi construída pelos poderes dominantes dentro de uma sociedade que vê o mundo tendo como referência essa posição estratégica dominante. Com essa perspectiva, os grupos marginalizados comumente são vistos como pertencentes às subculturas possuidoras de valores "estranhos". Os modos elitistas de ver as coisas produzem um poder epistemológico que induz os indivíduos a acatarem o critério moderno de julgar o que tem valor e o que não o tem na experiência humana. Esse colonialismo epistemológico fez que os pertencentes aos grupos dominantes se vissem, ao longo dos séculos, como produtores e provedores da verdade. Graças à sua ciência e racionalidade, chegaram a pensar que possuíam as soluções para todos os problemas mundanos e, às vezes, não mundanos. Como agentes da verdade, os representantes das classes dominantes, do alto de suas posições, justificaram enorme variedade de crimes contra a humanidade, sobretudo contra aquela formada pelos grupos dominados (Apple, 2003). São os efeitos desse paradigma dominante e de verdade única que o multiculturalismo crítico pretende analisar e, sob essa análise, fundamentar as bases do seu currículo.

O núcleo do currículo multicultural crítico está constituído pelo esforço de conhecer o mundo a partir das zonas periféricas, isto é, através dos olhos dos marginalizados. Kincheloe e Steinberg (1999) denominaram "descentrar o centro" à observação da experiência subordinada e das ações das classes dominantes de uma posição estratégica externa. Os efeitos pedagógicos dessa mutação são importantes, já que novas informações reconfiguram a "verdade". Ao prestar atenção às formas utilizadas pela academia e pelos meios de comunicação para tergiversar a vida das camadas socialmente discriminadas, haverá a conscientização de que os estudantes pertencentes a essas minorias frequentemente desenvolvem uma compreensível baixa auto-estima. Se o que se tenciona é a reversão desse quadro, torna-se necessária a implementação de um currículo multicultural crítico, tanto para os grupos dominados como para os pertencentes à cultura dominante, cujos preconceitos crescem dia a dia. Como já foi dito, construir a autoestima por meio do saber fazer técnico não contribui para a mudança social, mas apenas para a reprodução de formas de opressão.

Um currículo que trabalha a partir das zonas periféricas atua de forma bem diferente que o currículo dominante. Ao se tematizar a capoeira, por exemplo, o trabalho pedagógico pode começar pela escravidão, com um estudo sobre o tráfico negreiro ou sobre as civilizações da África ocidental. Esse enfoque contará uma história diferente, já que atribuirá à capoeira o caráter de uma luta/jogo/dança para recuperar uma força original e não uma história de gente sofrida e enfraquecida tentando desenvolver um sentido de dignidade.

O currículo multicultural crítico da educação física não tem a intenção de trocar o centralismo da cultura corporal dominante por um centralismo da cultura dominada. Não se trata de uma política *Robin Hood*. O que se defende é que diversos temas relativos à cultura corporal subordinada sejam debatidos, por terem sido desdenhados ou tergiversados. Também se defende que a cultura corporal dominante seja analisada de outros ângulos, tomando como base as crenças epistemológicas não dominantes. Essa análise não quer dizer que tal patrimônio tenha um caráter demoníaco ou se constitua em uma conspiração arquitetada pela elite contra os desfavorecidos; o que se pretende simplesmente é a atribuição de valor aos saberes subordinados sobre as manifestações culturais. Kincheloe e Steinberg (1999) apoiam essa premissa, salientando que as crônicas subordinadas se convertem em valiosos recursos para o emprego na construção de um futuro melhor para indivíduos de diversos grupos, o que significa um futuro coletivo baseado nos princípios do comunitarismo, poder compartilhado e justiça social. Dessa forma, uma abordagem multicultural crítica da temática "brincadeiras infantis" pode começar com uma pesquisa da vida social no passado, das formas coletivas de moradia, trabalho e lazer e, quem sabe, proporcionar aos alunos, pela via da pesquisa, a libertação do atual pensamento que atribui unicamente à infância o tempo adequado para os jogos e brincadeiras. Os alunos podem descobrir que em outros contextos sócio-históricos isso não era verdadeiro e assim investigar do que e quando jogam ou brincam os adultos da sua comunidade e, finalmente, caso seja necessário propor formas alternativas de lazer para essa população.

Um currículo multicultural crítico que valoriza as perspectivas marginais busca novas formas de ver as coisas dentro de uma variedade de espaços pedagógicos. Como se pode notar pelo exemplo, uma premissa básica é o que a análise histórica do passado pode colaborar para a compreensão das transformações sociais ocorridas e assim atentar para a possibilidade da modificação do atual quadro social.

A utilização das perspectivas marginais como ingredientes fundamentais de um currículo multicultural crítico, por definição, estuda os métodos que melhorem a vida das pessoas oprimidas. Como ilustração, vale mencionar as vozes de protesto e dor dos afrodescententes que soam na música dos jovens amantes do *rap* e do *reggae*. Essas manifestações, mesmo reverenciadas por inúmeros grupos, são praticamente alijadas dos currículos escolares pela cultura dominante – exceto nos esforços empreendidos por alguns educadores para reprimir nas músicas as expressões de violência e obscenidade, ou atribuir-lhes um caráter funcional para o estudo de uma língua estrangeira. Esses protestos são validados pelos estudiosos multiculturais críticos como McLaren (2000a), que recordam o "fracasso do mercado" como um dos fatores que fundamentam a necessidade de contemplar esses produtos no currículo escolar. Para o autor, o fracasso do mercado se constitui na incapacidade demonstrada pela

CAPÍTULO 6 Utopia Provisória: o Currículo Multicultural Crítico da Educação Física

economia formal de proporcionar os gêneros, serviços e capitais necessários à cultura juvenil oprimida. Como dado empírico que exemplifica essa afirmação, cabe mencionar que nos bairros das periferias paulistana, soteropolitana e carioca um sem-número de pequenas confecções tem se dedicado a produzir roupas e adereços específicos para esses grupos e, da mesma forma, lojas e cabeleireiros têm-se especializado em penteados e indumentárias da cultura afro ou o crescente número de casas especializadas em marcas corporais.[2]w

Com iniciativas como essas, todos os membros da sociedade se beneficiam por meio da vitalização e desenvolvimento econômicos da comunidade afrodescendente. Um professor multicultural crítico aprende mais sobre a cultura subordinada dos jovens amantes do *rap* e de muitas outras vozes marginais do que por textos estereotipados e dissimulados. Com essas vozes, adquirem o conhecimento necessário para iniciar um projeto educacional aos estudantes capazes que, cotidianamente, exercem um poder de resistência. Em outras palavras, esse conhecimento subordinado configura a base para a formação de agentes culturais que retiram do marasmo os sistemas econômicos, políticos e educativos comodamente instalados, apesar da indignante presença das desigualdades.

Um currículo multicultural crítico consciente desse processo não pode deixar passar despercebidas as representações atuais das práticas corporais da população com menor poder presentes nos meios de comunicação de massa nem tampouco dos efeitos psicológicos que desencadeiam nos próprios oprimidos. Um fato digno de nota pode ser observado nos comentários e nas inúmeras repetições televisivas sobre as brigas de torcidas nos estádios de futebol. Comumente, determinados grupos, quase sempre oprimidos, terminam por ser responsabilizados pelos acontecimentos que geram posicionamentos favoráveis a majoração dos preços dos ingressos, visando excluir essas identidades do cenário esportivo.

---

[2] Classificam-se como marcas corporais tatuagens, *piercings,* alargadores, implantes, reduções etc.

As injustas realidades políticas e econômicas com as quais se deparam os jovens pobres e negros nas sociedades ocidentais, neste início do século XXI, não podem se desvincular da violência, raiva e destruição que normalmente se revertem sobre elas.

O mesmo pode ser dito sobre as danças e dançarinas que atuam como figurantes nos programas de auditório ou nos momentos que antecedem alguns espetáculos esportivos. Aqui cabe questionar quais são as representações da dança e da condição da mulher veiculadas nessas situações. Tanto em um caso como no outro, o multiculturalismo crítico está preocupado com a segurança e o futuro dos rapazes e moças pertencentes aos grupos subordinados. Em uma época em que essas pessoas dispõem do dobro de probabilidades de terminar na cadeia em vez de em uma instituição escolar, a sobrevivência se converte em uma questão seriíssima.

Um currículo que ensine a natureza do preconceito e proporcione uma visão ampla das relações sociais é muito mais valioso para os ameaçados filhos dos grupos socialmente alijados que uma pedagogia da negação. Esse currículo atua comedidamente, embora analise os signos implícitos nas manifestações da cultura corporal que advogam posturas socializantes e reeducadoras, como: jogos cooperativos, grandes jogos, ginástica laboral, escolinhas de esportes, campeonatos escolares, atividades extraclasse, como balé para as meninas e judô para os meninos, ou os inúmeros programas governamentais que invadem a escola, como *Parceiros do Futuro, Agita Galera, Dia do Desafio, Xadrez na Escola*, com esses sentidos.

Mesmo considerando uma desgraça o fato de que o professor, na sua condição de (também) oprimido pelas forças do poder, enfrenta tantas vezes dificuldades enormes para quebrar a lógica da pedagogia açucarada destas e de tantas outras "presenças calculadas" no currículo, vale recordar que muitos colegas conseguem se opor a essas medidas, denunciando suas verdadeiras intenções e perspectivas, e mostrando sua utilização mercadológica e completamente afastada de um projeto de educação para a transformação.

CAPÍTULO 6 Utopia Provisória: o Currículo Multicultural Crítico da Educação Física

Quando um currículo multicultural crítico da educação física analisa quanto os meios de comunicação contribuem para a degradação do corpo e das práticas corporais, ambos rebaixados a objetos de compra e venda nas sociedades ocidentais, mas, simultaneamente, exalta as manifestações da cultura corporal popular que persistem aos ataques neoliberais, tal currículo proporciona experiências afirmativas para os estudantes pertencentes à cultura subordinada.

Os educadores multiculturais críticos desejam, por exemplo, que as crianças afrodescendentes (e de outros grupos étnicos também) conheçam sua história, filosofia e cultura. Na espiritualidade e comunitarismo que expressam com sua arte, música, dança e cultura (vivenciada e de transmissão oral), a tradição africana afirma individualidade e coletividade. A capacidade das mulheres e homens negros de não caírem no niilismo, apesar da sua desesperadora condição de escravos, contribuiu para o brilhantismo da sua tradição diaspórica. Alguns pesquisadores (Canen, 2001 e D'Adesky, 2001), apoiando-se no conhecimento da tradição afrocêntrica, têm investigado, como parte de uma estratégia maior de transformação social, o poder psicológico dos antepassados que lhes permitiu enfrentar condições extremas de desigualdade e opressão.

Nesse sentido, um currículo multicultural crítico da educação física, que tematize as produções "afro" sobre a cultura corporal, estabelece conexões entre as esferas acadêmicas e a vida cotidiana dos afrodescendentes, por meio da sua produção cultural. Valendo-se da experiência coletiva na vida e nas práticas corporais dessa população, esse currículo estimula tanto os estudantes negros como seus colegas de outras etnias a analisarem suas experiências de uma perspectiva diferente. O conhecimento produzido com a atividade reflexiva proporciona a base cognitiva necessária para transformar a cultura ocidental. Conforme se verifica, trata-se de uma ação pedagógica crítica que destina especial atenção à produção da cultura corporal da juventude afrodescendente: *rap, reggae, hip hop* etc.

Não restam dúvidas de que a utilização dessas experiências no currículo da educação física estimulará os professores a abordarem também a estética negra. Essa perspectiva converte os elementos da vida cotidiana em objetos estéticos de percepção. Nesse sentido, as expressões corporais, a música e a dança podem ser visualizadas dentro de um marco ético, político e étnico. O campo simbólico conecta-se, então, à realidade vivencial, de tal modo que ajuda a construir uma nova consciência, nomeada por Kincheloe (1997) de pensamento pós-formal. A estética negra abre a possibilidade de afirmação para os jovens afrodescendentes. Nesse aspecto, qualquer pessoa que conheça a cidade de Salvador, na Bahia, identificará no seu povo, em cada rua ou esquina, os fortes e marcantes traços da estética negra. A caminhada pelas ruas da cidade alta ou baixa permite ao observador atento um intenso mergulho na dança, no ritmo, na batida, no jogo e na luta. A transmissão desse patrimônio não se dá em salas de aula pela pedagogia formal. Tudo acontece nas praças e largos. Ali, em meio ao cheiro e ao barulho da cidade, aprende-se a dançar timbalada, axé, afoxé e a jogar capoeira. Alguns artistas/jogadores/bailarinos misturam a dança com a luta, atribuindo passos à primeira e golpes à segunda. A capoeira, aqui utilizada com sua flexibilidade improvisadora e resistência aos métodos de ensino e treinamento positivistas, não é só uma manifestação lúdica, é também a forma de enfocar a vida. O capoeirista, no seu improviso, atua tanto individualmente como em harmonia com o seu adversário e o cosmo. É a sua individualidade que catalisa a tensão criativa do grupo, que canta e batuca mais forte, estimulando-o a realizar movimentos novos e nunca imaginados. Quando a "metáfora da capoeira" se introduz como princípio curricular, tanto os estudantes afrodescendentes como os pertencentes a outros grupos étnicos inserem-se nos modos africanos de ver e ser. Afinal, nenhuma outra cultura produziu uma luta/jogo/dança comparável à capoeira.

A capoeira como metáfora pode ser utilizada na pedagogia crítica, no desenvolvimento dos currículos e nas estratégias de pesquisa. Da mesma forma que o bom capoeirista se antecipa ao adversário e, prevendo seus golpes, o surpreende, os professores críticos conseguem avançar sobre antigas crenças. Desse modo, o que se propõe é

CAPÍTULO 6 Utopia Provisória: o Currículo Multicultural Crítico da Educação Física

um método baseado no conhecimento da dor e da frustração da população oprimida. Ao contrário das propostas liberais, conservadoras ou pluralistas, o educador multicultural crítico compreende que não é suficiente para a busca da afirmação fazer que os estudantes simplesmente conheçam as pessoas que "venceram na vida" superando suas condições de opressão. Conforme Kincheloe e Steinberg (1999), um aspecto fundamental na pedagogia da afirmação constitui-se na atitude de os estudantes compreenderem e atuarem sobre um conjunto de princípios morais, éticos e acadêmicos em constante transformação. A magia da capoeira une-se à dor, ao sofrimento do povo negro e a essa pedagogia, dado que estimula as crianças e os jovens a identificarem e encontrarem sentido na dor com a qual enfrentam diariamente o niilismo que os rodeia. Quando compreendem os motivos da sua dor, os estudantes oprimidos sentem-se revigorados no seu empenho por expressar seus conhecimentos de forma criativa.

Um ponto em comum na maior parte das manifestações da cultura corporal dos grupos oprimidos reside na sua capacidade em construir campos de interesse associados a dinâmicas afetivas como o desejo e a raiva. Os educadores multiculturais críticos sabem que é extremamente importante conhecer o procedimento que essas expressões da cultura popular utilizam para construir os caminhos de aproximação. Isso significa que, se o professor de educação física conhecer as histórias das práticas corporais populares, esses conhecimentos podem ser empregados em muitos momentos e de múltiplas formas. Infelizmente, existem professores que negam a cultura popular e, consequentemente, sua importância cultural e pedagógica; esses profissionais da docência são quase sempre os que manifestam pouca identificação visceral com a dor e a falta de esperança que se apossam das crianças e dos jovens pertencentes às parcelas mais humildes da sociedade, e se identificam com a lógica da superação e da vitória anunciada pela mídia neoliberal. Essas premissas não querem dizer um "não" ao aluno bem-sucedido, mas a construção da consciência para uma prática de transformação, embora ela sozinha não garanta sucesso nessa empreitada.

Na sua intensa defesa do multiculturalismo crítico, Kincheloe e Steinberg (1999) ressaltam seu papel na alfabetização do poder, visão social, imaginação pedagógica e compromisso social com a democracia e a justiça, pressupostos para a elaboração de um novo currículo em sincronia com os novos e perigosos tempos vividos pela sociedade ocidental.

Referências bibliográficas

ALBUQUERQUE, H. M. P. A Escola como ambiente educativo. Palestra proferida em reuniões de SME, 27 e 28 jan. 2005.

ANDERSON, B. *Imagined communities*. Londres: Verso, 1991.

ANTUNES, A. Leitura do mundo no contexto da planetarização: por uma pedagogia da sustentabilidade. São Paulo, 2002. Tese (Doutoramento) – FEUSP.

APPLE, M. F. Neoliberalismo e educação. In: APPLE, M.; NÓVOA, A. *Paulo Freire*: política e pedagogia. Porto: Porto Editora, 1998.

APPLE, M. *Poder, significado e identidade*: ensaio de estudos educacionais críticos. Porto: Porto Editora, 1999.

_____. Políticas de direita e branquidade: a presença ausente da raça nas reformas educacionais. *Revista Brasileira de Educação*, n. 16, p. 61-67, 2001.

_____. *Educando à direita*: mercado, padrões, Deus e desigualdade. São Paulo: Cortez, 2003.

_____. *Ideologia e currículo*. Porto Alegre: Artmed, 2006.

ARIÉS, P. *História social da criança e da família*. Rio de Janeiro: Guanabara, 1986.

ARROYO, M. G. Experiências de inovação educativa: o currículo na prática da escola. In: MOREIRA, A. F. B. (org.). *Currículo*: políticas e práticas. Campinas: Papirus, 2001.

BARBOZA, R. et al. *Educación média y cultura adolescente*: Desafio del siglo XXI. Buenos Aires: Academia Nacional de Educación, 2003.

BERNSTEIN, B. Classes e pedagogia: visível e invisível. *Cadernos de Pesquisa*, n. 49, p. 26-42, 1984.

_____. *Pedagogia, control simbólico e identidad*. Madri: Morata, 1998.

BETTI, M. *Educação física e sociedade*. São Paulo: Movimento, 1991.

BETTO, F. *O que é neoliberalismo*. In: http://pt.wikipedia.org/wiki/neoliberalismo. 2005.

BRACHT, V. *Educação física e aprendizagem social*. Porto Alegre: Magister, 1992.

BRASIL. Lei de diretrizes e bases da educação nacional. *Diário Oficial da União*, 20 dez. 1996.

_____. Ministério da Educação e Desporto. Secretaria da Educação Fundamental. *Parâmetros Curriculares Nacionais para o Ensino Fundamental – 1º e 2º ciclos*. Brasília: MEC/SEF, 1997.

_____. Ministério da Educação e Desporto. Secretaria da Educação Fundamental. *Parâmetros Curriculares Nacionais Terceiro e Quarto Ciclos do Ensino Fundamental*: Educação Física. Brasília: MEC/SEF, 1998.

_____. Ministério da Educação e Desporto. Secretaria da Educação Média e Tecnológica. *Parâmetros Curriculares Nacionais para o Ensino Médio*. Brasília: MEC, 1999.

BYSTRINA, I. *Tópicos de semiótica da cultura*. São Paulo: CISC, 1995.

CALLIGARIS, C. *A adolescência*. São Paulo: Publifolha, 2000.

CAMPELO, C. R. *Cal(e)idoscorpos*: um estudo semiótico do corpo e seus códigos. São Paulo: Anablume, 1997.

CANEN, A. Relações raciais e currículo: reflexões a partir do multiculturalismo. In: OLIVEIRA, I. (org.). *Relações raciais e educação*: a produção de saberes e práticas pedagógicas. Niterói: Intertexto, 2001.

CAPARROZ, F. E. *Parâmetros Curriculares Nacionais de educação física.* In: BRACHT, V.; CRISÓRIO, R. (orgs.). *A educação física no Brasil e na Argentina:* identidade, desafios e perspectivas. Campinas: Autores Associados; Rio de Janeiro: Prosul, 2003.

CARDOSO, C. *Educação multicultural*: percursos para práticas reflexivas. Lisboa: Texto Editora, 1996.

CASTELLANI FILHO, L. *Política educacional e educação física.* Campinas: Autores Associados, 1998.

CHAIM, C. et al. O sexo na adolescência. *Revista IstoÉ*, n. 1922, p. 57-60, ago. 2006.

CHIPKEVITCH, E. *Puberdade & adolescência*: aspectos biológicos, clínicos e psicossociais. São Paulo: Roca, 1994.

CORTI, A. P. et al. *O encontro das culturas juvenis com a escola.* São Paulo: Ação Educativa, 2001.

CRUZ, A. *Culturas jovens na escola* – uma escola para jovens. Secretaria de Educação Média e Tecnológica – Semtec. Disponível em: www.tvebrasil/salto/boletins2001. Acessado em: 17 jan. 2007.

D'ADESKY, J. *Pluralismo étnico e multiculturalismo*: racismos e anti-racismos no Brasil. Rio de Janeiro: Pallas, 2001.

DA MATTA, R. (org.). *Universo do futebol.* Rio de Janeiro: Pinakotheke, 1982.

_____. *O que faz o brasil, Brasil.* Rio de Janeiro: Rocco, 2000.

DAOLIO, J. *Da cultura do corpo.* Campinas: Papirus, 1995.

DARIDO, S. C. A educação física, a formação do cidadão e os Parâmetros Curriculares Nacionais. *Revista Paulista de Educação Física*, São Paulo, p. 17- 32, 2001.

DERRIDA, J. *A escritura e a diferença.* São Paulo: Perspectiva, 1991.

DEWEY, J. *Vida e educação.* São Paulo: Melhoramentos, 1971.

DÍAZ, C. I. *Educar para la paz desde el conflicto*. Alternativas téorica y prácticas para la convivencia escolar. Rosario: Homo Sapiens, 1999.

ERIKSON, E. H. *Identidade, juventude e crise*. Rio de Janeiro: Zahar, 1972.

FARACO, C. E. et al. *O jovem, a escola e os desafios da sociedade atual*. Ofício de professor – aprender mais para ensinar melhor. São Paulo: Fundação Victor Civita, 2004.

FISCHER, R. M. *Adolescência em discurso*: mídia e produção da subjetividade. Porto Alegre, 1996. Tese (Doutorado em Educação) – Universidade Federal do Rio Grande do Sul.

FONSECA, M. O Banco Mundial e a educação. In: GENTILI, P. (org). *Pedagogia da exclusão*. Petrópolis: Vozes, 1995.

FONTANA, R. A. Cação. O corpo aprendiz. In: RUBIO, K.; CARVALHO, Y. M. (orgs.) *Educação física e ciências humanas*. São Paulo: Hucitec, 2001.

FOUCAULT, M. *Microfísica do poder*. Rio de Janeiro: Graal, 1992.

FREIRE, P. *Pedagogia do oprimido*. Rio de Janeiro: Paz e Terra, 1970.

FREITAS, L. C. A avaliação e as reformas dos anos de 1990: novas formas de exclusão, velhas formas de subordinação. *Educação e Sociedade*, Campinas, v. 25, n. 86, 2004.

FRIEDMAN, N. *Capitalismo e liberdade*. São Paulo: Nova Cultural, 1985.

FRUTUOSO, S.; ALVARENGA, T. Afinal, quanto dura a juventude? *Revista Época*, n. 355, p. 70-80, mar. 2005.

FUSARI, J. C. *O planejamento do trabalho pedagógico*: algumas indagações e tentativas de respostas. São Paulo: FDE, p. 44-53, 1998. Série Idéias, n. 8.

GADOTTI, M. *Perspectivas atuais em educação*. Porto Alegre: Artmed, 2000.

_____. Educar para um outro mundo possível – o Fórum Social Mundial como espaço de aprendizagem de uma nova cultura política e como processo transformador da sociedade civil planetária, 2006. (Mimeogr.).

GADOTTI, M.; ROMÃO, J. E. (orgs.). *Autonomia da escola*: princípios e propostas. São Paulo: Cortez; Instituto Paulo Freire, 2000.

GANDIN, D. *Temas para um projeto político-pedagógico*. Petrópolis: Vozes, 2005.

GEERTZ, C. *A interpretação das culturas*. Rio de Janeiro: Guanabara Koogan, 1989.

GENTILI, P. Neoliberalismo e educação: manual do usuário. In: SILVA, T. T.; GENTILI, P. *Escola S.A*. Brasília: CNTE, 1996.

_____. Neoliberalismo e educação: manual do usuário. In: SILVA, T. T.; GENTILI, P. (orgs.). *Escola S.A*. Quem ganha e quem perde no mercado educacional do neoliberalismo. Brasília: CNTE, 1996.

GIMENO SACRISTÁN, J.; PÉREZ GÓMEZ, A. I. *Compreender e transformar o ensino*. Porto Alegre: Artmed, 2000.

GIMENO SACRISTÁN, J. *Poderes instáveis em educação*. Porto Alegre: Artmed, 1999.

_____. *O currículo*: uma reflexão sobre a prática. Porto Alegre: Artmed, 2000.

GIROUX, H. A. Praticando estudos culturais na faculdade de educação. In: GIROUX, H. *Os professores como intelectuais*: rumo a uma pedagogia crítica da aprendizagem. Porto Alegre: Artes Médicas, 1997.

_____. *Escola crítica e política cultural*. São Paulo: Cortez, 1988.

_____. *Atos impuros*: a prática política dos estudos culturais. Porto Alegre: Artmed, 2003.

GIROUX, H.; McLAREN, P. Por uma pedagogia crítica da representação. In: SILVA, T. T.; MOREIRA, A. F. (orgs.). *Territórios contestados*. Petrópolis: Vozes, 1995, p.144-158.

GRUPO DE TRABALHO PEDAGÓGICO UFPe – UFSM. *Visão didática da educação física*. Rio de Janeiro: Ao Livro Técnico, 1991.

HALL, S. A centralidade da cultura: notas sobre as revoluções de nosso tempo. *Educação e realidade*, Porto Alegre, v. 22, n. 2, p. 15-46, jul./dez. 1997.

HALL, S. *A identidade cultural na pós-modernidade*. Rio de Janeiro: DP&A, 1998.

HALL, S. *Da diáspora*: identidade e mediações culturais. Belo Horizonte: UFMG; Brasília: Representação da Unesco no Brasil, 2003.

_____. *Quem precisa de identidade?* In: SILVA, T. T. (org.) *Identidade e diferença*: as perspectivas dos estudos culturais. Petrópolis: Vozes, 1999.

HAYEK, F. *Caminho da servidão*. Rio de Janeiro: Instituto Liberal/Expressão e Cultura, 1987.

HARVEY, D. *A condição pós-moderna*: uma pesquisa sobre as origens da mudança cultural. São Paulo: Loyola, 1993.

HUNTINGTON, S. P. *O choque de civilizações e a recomposição da ordem mundial*. Rio de Janeiro: Objetiva, 1997.

KINCHELOE, J. L. *Teachers as researches*: Qualitative inquiry as a path to empowerment. London: Philadelhia: Falmer Press, 1991.

_____. *A formação do professor como compromisso político*: mapeando o pós-moderno. Porto Alegre: Artmed, 1997.

KINCHELOE, J. L.; STEINBERG, S. R. *Repensar el multiculturalismo*. Barcelona: Octaedro, 1999.

KUNZ, E. *Transformação didático-pedagógica do esporte*. Ijuí: Unijuí, 1994.

KUNZ, E. et al. *Didática da educação física I*. Ijuí: Unijuí, 1998.

MANUEL SÉRGIO, V. E. C. *Educação física ou ciência da motricidade humana?* Campinas: Papirus, 1989.

LEOCATTA, F. *La educación y las instituciones*. Buenos Aires: Edebé, 2000.

LISTON, D.; ZEICHNER, K. *Formación del profesorado y condiciones sociales de la escolarización*. Madri: Morata, 1993.

LOPES DA SILVA, A. *Histórias de verdade*. São Paulo: Secretaria Municipal de Cultura, 1992.

McLAREN, P. *A vida nas escolas*: uma introdução à pedagogia crítica nos fundamentos da educação. Porto Alegre: Artmed, 1997.

_____. *Critical pedagogy and predatory culture*: oppositional politics in a posmodern culture. Nova York: Potledge, 1995.

McLAREN, P. A luta por justiça social: breves reflexões sobre o ensino multicultural nos Estados Unidos. *Revista Pátio*, ano 2, n. 6, p. 24-33, 1998.

_____. *Multiculturalismo revolucionário*: pedagogia do dissenso para novo milênio. Porto Alegre: Artmed, 2000a.

_____. *Multiculturalismo crítico*. São Paulo: Cortez, 2000b.

_____. Prólogo. In: KINCHELOE, J. L.; STEINBERG, S. R. *Repensar el multiculturalismo*. Barcelona: Octaedro, 1999.

_____. *Rituais na escola*: em direção a uma economia política de símbolos e gestos na educação. Petrópolis: Vozes, 1992.

McLAREN, P.; GIROUX, H. Escrevendo das margens: geografias de identidade, pedagogia e poder. In: MCLAREN, P. *Multiculturalismo revolucionário*: pedagogia do dissenso para novo milênio. Porto Alegre: Artmed, 2000.

MEDINA, J. P. S. *A educação física cuida do corpo... e "mente"*: bases para a renovação e transformação da educação física. Campinas: Papirus, 1983.

MONFREDINI, I. O projeto pedagógico em escolas municipais: análise da relação entre a autonomia e manutenção e/ou modificação de práticas escolares. *Revista Educação e Pesquisa*, São Paulo, v. 28, n. 2, p. 41-56, 2002.

MOREIRA, A. F. B.; SILVA, T. T. Sociologia e teoria do currículo: uma introdução. In: MOREIRA, A. F. B.; SILVA, T. T. (orgs.). *Currículo, cultura e sociedade*. São Paulo: Cortez, 2005.

MOREIRA, A. F.; CANDAU, V. M. Educação escolar e cultura(s): construindo caminhos. *Revista Brasileira de Educação*, n. 23, maio/jun./jul./ago., p. 156-68, 2003.

MOREIRA, A. F. B. Currículo, diferença cultural e diálogo. *Educação & Sociedade*, ano XXIII, n. 79, ago. 2002.

NEIRA, M. G. *Educação física*: desenvolvendo competências. São Paulo: Phorte, 2003.

NEIRA, M. G. *Por dentro da sala de aula*: conversando sobre a prática. São Paulo: Phorte, 2004.

NEIRA, M. G.; NUNES, M. L. F. *Pedagogia da cultura corporal*: crítica e alternativas. São Paulo: Phorte, 2006.

NUNES, C. S. C. *Os sentidos da formação contínua de professores*: o mundo do trabalho e a formação de professores no Brasil. Campinas, 2000. Tese (Doutorado em Educação) – Universidade Estadual de Campinas.

NUNES, M. L. F. *Educação física e esporte escolar*: poder, identidade e diferença. São Paulo, 2006. Dissertação (Mestrado) – Faculdade de Educação, USP.

OSÓRIO, L. C. *Adolescente hoje*. Porto Alegre: Artes Médicas, 1989.

PACHECO, N. Do confronto de culturas às relações interculturais. *Educação, sociedade e culturas*, v. 13, p. 119-139, 2000.

PADILHA, P. R. *Currículo intertranscultural*: novos itinerários para a educação. São Paulo: Cortez; Instituto Paulo Freire, 2004.

_____. Planejamento dialógico, projeto político-pedagógico e proposta pedagógica da escola: desfazendo nós, apontando caminhos. *Publicações Pedagógicas*, p. 49-56, 2004.

_____. *Planejamento dialógico*: como construir o projeto político-pedagógico da escola. São Paulo: Cortez; Instituto Paulo Freire, 2005.

PALÁCIOS, J. O que é a adolescência. In: COLL, C. et. al. *Desenvolvimento psicológico e educação*. Porto Alegre: Artmed, 1995.

PEREIRA, A. *Educação multicultural*: teorias e práticas. Porto: Asa, 2004.

RANGEL, L. H. Da infância, ao amadurecimento: uma reflexão sobre rituais de iniciação. *Interface Comunicação, Saúde, Educação*, ago. 1999.

ROMÃO, J. E. *Dialética da diferença*: o projeto da escola básica cidadão frente ao projeto pedagógico neoliberal. São Paulo: Instituto Paulo Freire, 2000.

SANTAELLA, L. *O que é semiótica*. São Paulo: Brasiliense, 2004.

SANTIN, S. E*ducação física*: uma abordagem filosófica da corporeidade. Ijuí: Unijuí, 1987.

SAVIANI, D. *Escola e democracia*. São Paulo: Cortez, 1986.

SCHÖN, D. A. *Educando o professor reflexivo*: um novo *design* para o ensino e aprendizagem. Porto Alegre: Artmed, 2000.

SETTON, M. G. J. Família, escola e mídia: um campo com novas configurações. *Educação e Pesquisa*, São Paulo, v. 28, n. 1, jan./jun. 2002.

SHOR, I.; FREIRE, P. *Medo e ousadia*: o cotidiano do professor. Rio de Janeiro: Paz e Terra, 1986.

SILVA, T. T. A produção social da identidade e da diferença. In: SILVA, T. T. (org.) *Identidade e diferença*: a perspectiva dos estudos culturais. Petrópolis: Vozes, 2000.

_____. (org.) *Alienígenas na sala de aula*: uma introdução aos estudos culturais em educação. Rio de Janeiro: Vozes, 1995.

_____. *Documentos de identidade*: uma introdução às teorias do currículo. Belo Horizonte: Autêntica, 2005.

_____. *O currículo como fetiche*: a política e a poética do texto curricular. Belo Horizonte: Autêntica, 2001.

_____. *O que produz e o que reproduz em educação*: ensaios de sociologia da educação. Porto Alegre: Artmed, 1992.

_____. A educação da nova direita e a retórica da qualidade total. In: _____. *Identidades terminais*. Petrópolis: Vozes, 1996.

SOARES C. L. et al. *Metodologia do ensino de educação física*. São Paulo: Cortez, 1992.

SOARES, R. F. R.; MEYER, D. E. E. O que se pode aprender com a "MTV de papel" sobre a juventude e a sexualidade contemporâneas? *Revista Brasileira de Educação*, n. 23, maio/jun./jul./ago. 2003.

SOUZA SANTOS, B. Uma concepção multicultural de direitos humanos. *Revista Lua Nova*, n. 39, 1997.

_____. *Pela mão de Alice*: o social e o político na pós-modernidade. Porto: Afrontamento, 1995.

STEINBERG, S. Kindercultura: a construção da infância pelas grandes corporações. In: SILVA, L. H. et al. (orgs.). *Identidade social e a construção do conhecimento*. Porto Alegre: Smed/RS, 1997.

STEINBERG, S.; KINCHELOE, J. L. (orgs.). *Cultura infantil*: a construção corporativa da infância. Rio de Janeiro: Civilização Brasileira, 2001.

STOER, S. R.; CORTESÃO, L. *Levantando a pedra*: da pedagogia intermulticultural às políticas educativas numa época de transnacionalização. Porto: Afrontamento, 1999.

THERBORN, G. A crise e o futuro do capitalismo. In: GENTILI, P.; (orgs). *Pós-neoliberalismo*: as políticas sociais e o estado democrático. Rio de Janeiro: Paz e Terra, 1995.

TORRES SANTOMÉ, J. *Globalização e interdisciplinaridade*: o currículo integrado. Porto Alegre: Artmed, 1998.

TRIPOLI, S. G. *A arte de viver do adolescente*: a travessia entre a criança e o adulto. São Paulo: Arte e Ciências, 1999.

TYLER, R. W. *Princípios básicos de currículo e ensino*. Porto Alegre: Globo, 1974.

VAN ZANTEN, A. Cultura de rua ou cultura da escola? *Educação e pesquisa*, São Paulo, v. 26, n. 1, jan./jun. 2000.

VASCONCELLOS, C. S. *Planejamento*: projeto de ensino-aprendizagem e projeto político-pedagógico. São Paulo: Libertad, 2002.

VEIGA. I. P. A. (org.). *Projeto político-pedagógico da escola*: uma construção possível. Campinas: Papirus, 1995.

VELHO, G. *Individualismo e cultura*: notas para a antropologia da sociedade contemporânea. Rio de Janeiro: Zahar, 1987.

YOUNG, I. Five faces of opression. In: WATENBERG, T. (org.). *Rethinking Power*. Albany: Suny Press, 1992.

YUDICE, G. *A conveniência da cultura*: usos da cultura na era global. Belo Horizonte: UFMG, 2006.

ZABALA, A. *A prática educativa*: como ensinar. Porto Alegre: Artmed, 1998.